# いちばんやさしい
# キャッシュレス決済
# の教本

人気講師が教える
新たな経済圏のビジネス

インプレス

Profile

**著者プロフィール**

## 川野祐司

1976年大分県生まれ。東洋大学経済学部教授。日本キャッシュレス化協会代表理事。日本証券アナリスト協会認定アナリスト。
専門は金融政策、国際金融論、ヨーロッパ経済論。マイナス金利政策などのユーロの金融政策や金融同盟などのヨーロッパの金融システムの変遷をテーマとしている。

---

**● 購入者限定特典　電子版の無料ダウンロード**

本書の全文の電子版（PDFファイル）を以下のURLから無料でダウンロードいただけます。

ダウンロードURL：**https://book.impress.co.jp/books/1119101014**

※ 画面の指示に従って操作してください。
※ ダウンロードには、無料の読者会員システム「CLUB Impress」への登録が必要となります。
※ 本特典の利用は、書籍をご購入いただいた方に限ります。

---

# はじめに

**最**近はキャッシュレスがメディアなどに大きく取り上げられていますが、その多くはペイ戦争の行方やポイントをお得に貯める方法など、薄い内容に終始しています。キャッシュレス化が一過性のお祭り騒ぎであればそれでもよいでしょう。本書を読む必要もありません。

しかし、キャッシュレス化は支払い行動のデジタル化を促し、これから進んでいくデジタルエコノミーへの転換にとって重要な基盤となります。私たちの経済や社会に大きなかかわりがあるのです。本書を手に取った皆さんは、もっと深くキャッシュレスのことを知りたいのではないでしょうか。本書はキャッシュレスの仕組み、海外の事例、社会問題への対策、キャッシュレスにかかわる新ビジネスなど、幅広い視点から「キャッシュレスの今」を解説します。

キャッシュレス化を進めることによって現金を扱わなくて済むというコスト削減が実現します。それだけでも恩恵がありますが、デジタルデータを活用してほかの分野のサービスを組み合わせることで、私たちの暮らしはもっと便利になります。特にヘルスケア分野は有望で、開拓余地が大きいだけでなく、社会の改善にも大きく貢献します。

この本では、第1章と第2章で基本的な用語を解説します。第3章は世界の事例、第4章は仮想通貨、第5章はキャッシュレスの背後で動く技術的な仕組みを見ていきます。第6章と第7章ではキャッシュレスの活用例を見ていきます。第8章ではキャッシュレス社会に向けて私たちがどのような準備をすべきなのかを見ていきます。第1章と第2章を読んだあとは、興味のある章から読み始めても構いません。

それでは、奥深いキャッシュレスの世界にご案内しましょう。

2019年11月　川野祐司

# いちばんやさしい キャッシュレス決済の教本
人気講師が教える 新たな経済圏のビジネス

# Contents
目次

## Chapter 1 キャッシュレスの世界
page 11

Chapter **4** | 新しい通貨の形、
仮想通貨と電子通貨 | page **79**

## Chapter 5 キャッシュレスで生み出されるデータ page 107

## Chapter 6 キャッシュレスを活用した新しいビジネス

page 147

Chapter **7** | **キャッシュレスが
もたらす未来** page **179**

# Chapter

# 1

# キャッシュレスの世界

キャッシュレスはスマートフォンでQRコードを使うだけではありません。キャッシュレスはすでに私たちの生活に深く入り込んでいます。まずは奥深いキャッシュレスの世界を見てみましょう。

# Lesson 01 ［キャッシュレス社会］ すでに社会に浸透している キャッシュレス決済

このレッスンの
ポイント

現金を使わない決済手段である**キャッシュレス決済**は最近始まった新しい現象ではなく、私たちの生活にすでに深く浸透しているものです。最初のレッスンでは、身近なところにある「キャッシュレス」を見ていきましょう。

## ◯ 日本はすでにキャッシュレス社会

現金を使わない「キャッシュレス」は昔から形を変えて続いてきました。そして現在でもキャッシュレスが私たちの生活のさまざまな場面を支えています。たとえば日本人の多くが銀行振り込みで給与や年金を受け取っており、現金で受け取っている人は少数派です。お金の受け取りに関してはキャッシュレス化がかなり浸透しているといってよいでしょう。

日常生活はどうでしょう。たとえば支払いについても、家賃や住宅ローン、光熱費の支払いなどを銀行引き落としにしている人は多くいます。こういった定期的な支払いに関しては、銀行引き落としにしたほうが便利であり、現金を持って支払いに行くという人は少ないでしょう。また、オンラインショッピングでも多くの人がクレジットカードで支払っています。こうしてみると、支払いについてもキャッシュレス化はすでに浸透しているといって差し支えなさそうです（図表01-1）。

▶ キャッシュレスとは現金を使わないこと 図表01-1

**現金での決済**

支払い

現金

**キャッシュレス決済**

支払い

クレジットカード、
銀行引き落としなど

紙幣や硬貨などの現金を使わない支払い手段＝キャッシュレス

スマホ決済が流行っているので、キャッシュレスは新しいものだと思うかもしれませんが、実際にはすでに多くの場面がキャッシュレスになっているのです。

## ◯ 身近なキャッシュレス①「プリペイド型カード」

銀行振り込みやクレジットカード以外にも、生活に浸透しているキャッシュレスがあります。それは事前にチャージして利用するタイプの「プリペイド型カード」です。代表的なものにJR東日本が発行しているSuicaがあります。JR東日本という巨大インフラ企業が発行しているという安心感はもちろん、JR東日本の施設だけでなく、コンビニや飲食店など、多くの店舗で利用可能であることは利用者にとって大きなメリットです。また、カードを端末に近づけるだけで利用できるという点でもスマホ決済などにはない高い利便性を提供しています。

いまでは使う人があまりいませんが、テレホンカード（1982年にNTT東日本が発行を開始した公衆電話で使える磁気カード）もプリペイド型のキャッシュレスです。商品券や図書カード、QUOカード、そしてiTunesカードなどもこのタイプです。
プリペイド型は、取引のたびに現金を出し入れする手間をなくすというキャッシュレスならではのメリットのほかにも、事前に購入した金額の範囲でしか利用できないため、使い過ぎを防げるといった安心感も手伝って、多くの人が利用しています。

## ◯ 身近なキャッシュレス②「ネッティング」

「ネッティング」とはお互いの支払いを相殺することです。相殺した分は現金を使わずに済むため、これもキャッシュレスといえます。たとえば 図表01-2 のように、AさんからBさんに10万円の支払いがあり、別件でBさんからAさんに6万円の支払い

があるとき、2つの支払いを相殺すればAさんからBさんに4万円渡せばよいことになり、現金を節約できます。当事者が増えれば増えるほど現金のやりとりは煩雑になるため、ネッティングのメリットは増していきます。

▶ ネッティング 図表01-2

**現金で支払い**

Aさん　　　　　　　　　　Bさん

支払い 10万円 →

← 支払い 6万円

**ネッティング（相殺）**

Aさん　　　　　　　　　　Bさん

差額 4万円 →

現金 6万円節約

相殺することで、現金をやりとりするプロセスをなくせる

最近は減りましたが、このほかにも郵便局の定額小為替、切手、収入印紙などもキャッシュレスの一形態といえます。支払い側と受け取り側がお互いに納得すれば、どのようなものでも現金の代わりになります。

## ● 現金にはないキャッシュレスならではの「機能」

現金を使わないことのメリットとして、ほかにどのようなものがあるか見てみましょう。

たとえば小さな子供へのお年玉として図書カードを渡せば、キャッシュレスになるだけでなく、「本を読んでほしいという想い」を伝えることもできます。何を贈ったらよいかわからないけれども、現金をプレゼントするのは気が引けるというケースに商品券を贈れば、もらった側もよろこぶでしょう。このように、キャッシュレスには現金では伝えられない気持ちを伝えるといった役割もあるのです。

キャッシュレスは、現金としての価値を、さまざまな形に変えたものです。しかもアイデア次第でキャッシュレスは現金以上の価値を生み出します。そのため、ビジネスを行ううえでも、キャッシュレスの仕組みを理解しておくことは重要といえます。

## ● 「おすそ分け」もキャッシュレス

日本では地方のキャッシュレス化が進んでいないといわれています。たしかにそれは事実で、クレジットカードや交通系カードが使えない店舗も多く残っています。しかし、地方には独特のキャッシュレス文化があります。それは「おすそ分け」です。

Aさんがお隣のBさんに野菜をあげると、後日BさんはAさんに果物を分けてくれます。野菜と果物の価値は異なりますが、長い目で見ると、Aさんが贈ったものとBさんが贈ったものの価値は等しくなります。なぜなら価値が等しくないと「あの人はケチだ」などの評判が立って誰も何もくれなくなるため、等価になるよう「お返し」をやりとりするためです。

この場合、現金を介さずに、贈り物をし合うという形でコミュニティを形成していますが、このような経済取引はGDP（国内総生産）やキャッシュレス割合には反映されません。

経済学の父、アダム・スミスは、人々は互いに共感し合うと唱えました。お互いに贈り合うという行為は、コミュニティの結束にも役立っています。結束が強すぎて困るケースもあるようですが。

## ⭕ キャッシュレスは不安？

私がこのようなキャッシュレスの話をすると、必ず不安の声が返ってきます。「キャッシュレスが進むと個人情報が流出するのではないか」「知らない間にお金を盗まれるのではないか」「お金を使いすぎてしまうのではないか」などです。仮想通貨の流出事件や、スマホ決済で不正ログインが行われた事件などが大きく取り上げられたことも不安につながっているのでしょう。また、キャッシュレスにすると企業や政府が私たちの購買データや資産データを得られるにもかかわらず、個人個人には決済以外のメリットがないように思えるのもその理由の1つです。

しかし、上述のようにすでにキャッシュレス化は私たちの日常に浸透しています。不安の原因はキャッシュレス自体にあるのではなく、その使われ方にあるものと思われます。

はじめて見るものや聞いたことがないものに対して不安を覚えるのは当然のことです。たとえばオンラインショッピングでの買い物では、最初のうちはインターネット上で注文したものがきちんと届くのか、そもそもインターネット上で決済してクレジット情報などが盗まれないのか不安だったのではないでしょうか。それがいまでは老若男女問わずオンラインショッピングの利用は当たり前になりました。

利用する立場であっても提供する立場であっても、まずは使って慣れてみて、仕組みをくわしく学ぶことで不安感は取り除けます。本書では、以降のレッスンでキャッシュレスの仕組みや世界の取り組み、金融教育におけるキャッシュレスのとらえ方などを丁寧に解説していきます。

> キャッシュレスは新しいものでも、不安なものでもないのです。

---

### 👍 ワンポイント　女性が不安を感じるのは万国共通

キャッシュレスに対する不安を抱いているのは、おもに高齢者や女性だといわれています。これは日本だけでなく世界的な傾向で、オランダでは2015年、女性をターゲットにしたキャッシュレス推進キャンペーンが行われました。

女性は子供と接する機会が多く、お金に関する教育を行ったり、トラブルに巻き込まれることを考えたりしている中で、不安感が高まるのかもしれません。

# Lesson 02

[日本のキャッシュレス比率]

# 生活の中でのキャッシュレス

**このレッスンの
ポイント**

私たちの日常の支出の中で、<u>どれくらいの割合がキャッシュレスなのか</u>見ていきましょう。ここでは**総務省統計局**が公表している家計調査を利用して、筆者が推計した数値を眺めてみます。

## ● 私たちの暮らしにおけるキャッシュレス率

**図表02-1**は勤労世帯を対象とした家計調査の結果です。左から2列目が「2人以上の世帯の支出額」で合計約31万5,000円、その右列が単身世帯の1か月間の支出額

で合計約17万9,000円です。住居費の計算では持ち家と賃貸の人が混ざっているため、実際の家賃相場よりも数値がかなり低くなっています。

### ▶ 家計調査による1カ月の支出額 図表02-1

| 支出項目 | 2人以上世帯 | 単身世帯 | キャッシュレス率 |
|---|---|---|---|
| 食料 | 76,090円 | 44,606円 | 5% |
| 住居 | 18,200円 | 27,325円 | 95% |
| 光熱・水道 | 21,771円 | 10,419円 | 95% |
| 家具・家事用品 | 11,338円 | 4,539円 | 20% |
| 被服及び履物 | 13,072円 | 6,928円 | 30% |
| 保険医療 | 11,973円 | 6,093円 | 50% |
| 交通・通信 | 51,508円 | 29,237円 | 60% |
| 教育 | 19,131円 | 0円 | 90% |
| 教養娯楽 | 29,838円 | 20,592円 | 30% |
| その他 | 62,394円 | 29,058円 | 20% |
| 合計 | 315,315円 | 178,797円 | |
| キャッシュレス率 | 39.2% | 41.2% | |
| （参考）世帯収入 | 558,718円 | 330,867円 | |

食料や住居といった支出項目ごとにキャッシュレス率を算出したもの

出所：『総務省統計局「家計調査」2018年』をもとに筆者がキャッシュレス率を追加

## ⬤ キャッシュレス率を読み解く

図表02-1 の一番右側の列「キャッシュレス率」には、それぞれの支出項目でどれくらいキャッシュレス支払いが行われているのか、推測した数値を入れています。私の主観による数値ですが、そんなにおかしな数値ではないと思います。

たとえば食料については、八百屋や魚屋などではほぼ100%現金でしょうし、スーパーでも大部分の人が現金で支払っているため、キャッシュレス率を5%にしてあります。一方で、家賃（住居費）は銀行引き落としにしている人がほとんどなので95%と高くしてあります。保険料は銀行引き落としやカード払いと思われ、また病院での支払いは大部分が現金なので50%としました。交通費はSuicaなどの電子マネーを使う人もいれば、現金で切符を買う人もいます。スマートフォンなどの通信費では、カード払いや銀行引き落としが多いでしょう。

このようにしてそれぞれの項目の金額にキャッシュレス率をかけていくと、日本人のキャッシュレス支払い率は約40%ということになります。ただし、オンラインショッピングの利用者が増えていることや、キャッシュレス普及策によるポイント還元サービスなどを考えると、実際のキャッシュレス率はもう少し高いのではないかと思います。

経済産業省は2025年までにキャッシュレス支払い比率を40%にする目標を掲げていますが、銀行引き落としも考慮すればすでに数値は達成されています。

> 給与や年金などはかなり多くの人が銀行振り込みで受け取っています。私たちはキャッシュレスで収入を受け取ったあとに、わざわざ ATM まで現金を下ろしに行くという、不便な生活をしています。

---

### 👍ワンポイント　平均値の読み解き方

図表02-1 を見て、「うちはこんなに消費していないよ」「こんなに収入が高くないよ」と感じたかもしれません。これは平均値を取っているためです。平均値はものすごく数値の高い人がいると、実感よりも高く出ます。たとえば、年収200万円が4人、年収2,000万円が1人の場合、平均年収は560万円と高めに出てしまいます。これは単純平均という平均値の取り方で計算した場合ですが、世帯ごとに重みづけして平均を出す加重平均や、年収順に並べて中央の値を取り出す方法もあります。数字が実感と異なる場合は、ほかの手法を使うのも1つです。

# 03 現金を使うための費用を考える

このレッスンの
ポイント

現金のシステムはどのようにして維持されているのでしょうか。また、どれくらいのコストがかかるのでしょうか。キャッシュレス化によるメリットを、社会的コストの観点から事例を挙げて解説します。

## ◯ 「現金」という道具

「現金のシステム」とは、「現金が流通する仕組み」のことです。ここでは現金を「支払いをするための道具」という視点で見てみましょう。

もしお金がなければ、私たちは物々交換をしなければなりません。お腹がすいてバゲットをほしがっている画家は、絵を飾りたいと思っているパン屋を探さなければならず、見つけるのはかなり大変です。もしお金という道具があれば、絵を売って手に入れたお金でパンを買うことができます。いまではお金は銀行振り込みでも手に入りますが、現金なら銀行口座を開く必要も口座番号を教える必要もなく、簡単に取引できます。

現金には 図表03-1 のような特徴があり、取引が簡単に進められるというのが大きな利点です。半面、盗まれたり犯罪者にだまし取られたりしやすいというデメリットもあります。

▶ 現金の特徴 図表03-1

**誰とでも取引できる**
相手を確認する認証が不要

**すぐに取引できる**
取引のための
端末などが不要

**プライバシーが保てる**
いつどこで取引したか
追跡できない

現金には大きくこれら3つの特徴がある。また、それ自体が価値を持つため、盗まれやすいというデメリットもある

## ◯ 現金はどのようにしてやってくるのか

現金は「製造ー配布ー利用ー廃棄」というライフサイクルをたどります（図表03-2）。現金は硬貨と紙幣からなります。硬貨を見てみると「日本国」と書いてあり、日本政府が発行します。紙幣には「日本銀行券」と書いてありますが、これが紙幣の正式名称です。日本銀行が発行などの管理をしています。日本銀行の本店や支店からは毎朝、大量の現金が運び出されていき、夕方には同じくらいの現金が戻ってきます。

私たちがATMで現金を下ろすまでには、現金を発行している日本銀行、現金をATMまで運ぶ輸送会社、ATMを管理する銀行やコンビニなどを経由しています。その後は、買い物をした店舗に現金が移ります。個人間で現金を手渡したり、店舗が仕入れなどに現金を使ったりすると、現金は転々と流通することになります。銀行に戻るものもあれば、壺や箱などに入れられて保管されるものもあります。使えるものは再びATMなどに充填され、擦り切れたりして使えなくなったものは廃棄に回されます。

## ◯ 現金システムにかかる費用

現金の製造には金属や繊維などの材料が必要になり、エネルギーも消費します。現金の配布にはトラックが使われていますが、毎日大量の現金が運ばれており、輸送費や保険費がかかります。ATMの維持管理費、銀行と店舗の間での輸送費、店舗での管理費、使えなくなった現金の廃棄にかかる費用など、現金を維持するためにはさまざまな費用がかかります。

▶ 現金のライフサイクル 図表03-2

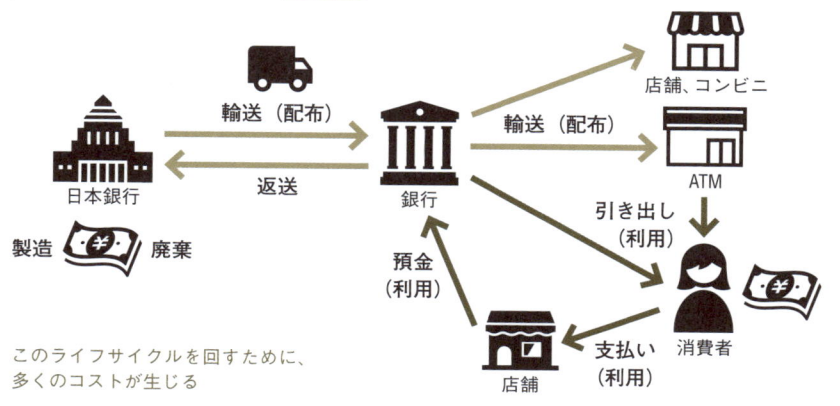

このライフサイクルを回すために、多くのコストが生じる

## ◯ 現金社会とキャッシュレス社会のコスト

現金システムを維持するための費用は社会全体で負担するため、「現金の社会的コスト」と呼ばれています。社会的コストの計算には含めないのが普通ですが、現金の製造や輸送などの場面では$CO_2$排出などの環境負荷も発生します。廃棄物になってしまった現金の処理などは大きな問題です。日本では1万円札だけでも100兆円近く、つまり100億枚発行されていて、いつかはゴミになってしまいます。

ヨーロッパなど外国ではATM使用料などの形で現金の社会的コストが家計に転嫁されていますが、日本では費用の多くを銀行が負担しています。今後は、銀行の収益性の低下に伴って、日本でもATM手数料や両替手数料の有料化や値上げがより進むでしょう。

では、キャッシュレス化が進むとどうなるでしょうか？　現金の製造や流通はなくなり、その分のコストも減少します。一方で、データを管理するためのデータベースの運用や通信コストなどが新たに発生します。データを改竄されないようにセキュリティ対策のコストも必要です。

キャッシュレス社会と現金社会。どちらがコストが高いのでしょうか？　比較的新しい2016年の数値が公表されているデンマークの例を 図表03-3 に挙げてみました。次の項でこの表を読み解いていきます。

▶ **デンマークにおける支払いタイプ別の社会的コスト（2016年）** 図表03-3

| | 年間利用回数 | 1回当たり平均支払額 | 1回当たりコスト |
|---|---|---|---|
| 現金（店舗） | 4.56億回 | 208クローネ | 4.5クローネ |
| Dankort（店舗） | 10.94億回 | 263クローネ | 2.4クローネ |
| クレジットカード（店舗） | 0.19億回 | 413クローネ | 13.7クローネ |
| Dankort（ネット） | 0.79億回 | 565クローネ | 4.5クローネ |
| クレジットカード（ネット） | 0.02億回 | 1,301クローネ | 17.8クローネ |

出所：Table annex for the Danish Payments Council's survey of the costs of payments in Denmark, Nov. 2018

「クローネ」はデンマークの通貨で国際通貨記号は「DKK」。Dankortは、デンマークのデビットカード

デンマークは世界でも最もキャッシュレス化が進んでいる国の1つです（レッスン13）。

## ◯ 社会的コストの削減につながるキャッシュレス

それでは、図表03-3 から何が見えるか読み解いていきましょう。「Dankort」はデンマークのデビットカード、つまり銀行のキャッシュカードです。ヨーロッパではクレジットカードよりもデビットカードのほうが普及しています。一番右の列がコストですが、現金よりもDankortのほうが低くなっており、キャッシュレス化で社会的コストが削減できそうです。ただし、クレジットカードのコストはかなり高く、クレジットカード中心のキャッシュレス化では社会的コストを削減できません。その理由は、クレジットカード会社が徴収する手数料が高すぎるためです。1回当たりの支払額を見てみると、現金では小さな買い物、カードではより大きな買い物をしていることがわかります。特に、ネット取引はまとめ買いなどの影響で金額が大きくなっています。

ネット取引で店舗取引よりコストが多くなっているのは、決済サービス仲介業者などの手数料が含まれているためです。ネットでもクレジットカードを利用するとかなりのコストがかかります。

デビットカード（Dankort）の1回当たりコストは2.4クローネで、前回調査が行われた2009年の3.5クローネから、7年で約3分の2に低下していることがわかります。システムの開発や維持、セキュリティ対策費などがかかるものの、支払い回数が増えたことで1回当たりのコストが低下しているのです。決済手数料もクレジットカードより抑えられています。

デンマークでは、支払いの社会的コストはGDP（国内総生産）の約0.5%、現金はGDPの約0.1%と非常に小さくなっています。ほかの国の研究結果などから考えると、日本では現金の社会的コストはGDPの1%程度だと考えられます。デンマークのようなデビットカード中心のキャッシュレス化を進めれば、5兆円近くのコストを削減できます。

デンマークでは、銀行が現金の取り扱いをアウトソーシングするなどしてコスト削減に取り組んでいます。現金社会でも社会的コストを削減させる工夫があります。

Lesson

# 04

[現金に使われる技術]

# 世界の「現金」のトレンドを知ろう

このレッスンの
ポイント

キャッシュレス化が進む一方で、現金も偽造防止の最新技術、環境負荷を抑えるための工夫、視覚障碍者のための工夫など、さまざまな部分が進化しています。ここでは、<u>世界の現金のトレンド</u>から3つ取り上げてみましょう。

## ○ 偽造対策に2種類の金属を使った「バイメタル硬貨」

硬貨は型を作って金属を打ち抜くなどで偽造が可能です。そこで、2種類の金属を組み合わせて作ることで偽造を防ごうというのが「バイメタル硬貨」です。イギリスやユーロ地域で、額面の高い硬貨に使われています（図表04-1）。バイメタルにしたり複雑なデザインにしたりすることで偽造対策になります。

イギリスでは写真左の1ポンド硬貨が2017年から流通しており、丸い形の古い1ポンドは使えません。ユーロの硬貨は国によってデザインが異なりますが、フィンランドの硬貨をポルトガルで使うことも可能です。特に2ユーロは毎年のように記念硬貨が発行されていることから、現在は300種類以上のデザインがあります。

▶ バイメタル硬貨 図表04-1

出所：イギリス造幣局、欧州中央銀行ホームページ
2種類の金属を組み合わせたバイメタルを使った硬貨の例

日本の500円玉のように傾けると文字が見えるなどの工夫も偽造防止に役立っています。

# ● 紙幣のトレンドは「ポリマー製」と「縦型」

紙幣についても、素材やデザインなどでさまざまな工夫が凝らされています。紙幣の素材といえば、文字通り「紙」が一般的ですが、入手しやすい素材であるため偽造されやすいという問題がありました。そこでプラスチック素材を使用した「ポリマー紙幣」が開発されました。紙に比べて高度な印刷技術が必要であり、コストもかかりますが、それだけに偽造されにくいという利点があります。また、耐久性があり、細菌の繁殖も少なく衛生的であるのもメリットです。世界で最初のポリマー紙幣は、1988年に発行された10オーストラリアドルといわれており、以来、正確な統計はないものの30か国以上で発行されているようです（**図表04-2**）。また、日本の紙幣は横長のデザインです

が、縦型の紙幣も登場しています。世界ではスイスが1995年にはじめて発行したといわれており、現在イスラエルやアルゼンチンなどでも縦長の紙幣が発行されています。最近では2018年に縦型の10カナダドルが発行され、2019年2月には北アイルランドのアルスター銀行が縦型の5ポンドと10ポンドを発行するなど、縦型紙幣が増えつつあります。

そのほかのトレンドとしては、カラー印刷、ホログラムつき、紫外線で光るデザインなどがあります。いずれも偽造防止の観点からデザインが複雑化したものです。また、多くの紙幣には視覚障碍者が触って識別できるでこぼこしたマークなどがついています。

## ▶ ポリマー紙幣 図表04-2

出所：「Reserve Bank of Australia」Webサイトより
1988年に発行された10オーストラリアドルのポリマー紙幣。左が表面、右が裏面

> こうした紙幣に用いられている新技術は、紙幣以外、たとえばチケットなどの印刷にも応用できます。

# Lesson 05 ［キャッシュレスランキング］
## 日本のキャッシュレスはどの程度進んでいるか

**このレッスンのポイント**

キャッシュレスと現金の「いま」がおおよそ理解できたところで、日本におけるキャッシュレスの状況をデータから読み解きます。そして、日本でキャッシュレス化を進めるべきかどうかポイントとなる考え方を紹介します。

## ◯ 日本のキャッシュレス度は27位

ここまでのレッスンで解説してきたように、日本社会にはすでにキャッシュレスが浸透しています。しかし、それにも関わらず「日本のキャッシュレス化は遅れている」とよくいわれのはなぜでしょうか？ ここでは、日本キャッシュレス化協会が公表しているJCAキャッシュレス指数をもとに、日本のキャッシュレス度をほかの国と比較してみましょう。

「JCAキャッシュレス指数2019」では、世界28か国のキャッシュレス度を0から100のスコアで表しています（**図表05-1**）。日本の数値は39で、28か国中27位です。このデータからも明らかなように、日本のキャッシュレス度はたしかに低いようです。第1位はケニア（レッスン19、20）ですが、そのうしろには北欧をはじめとした先進国が続いています。中国や韓国も上位につけています。先進国の中でも南欧は下位に沈んでおり、日本の周りには途上国が並んでいます。

**▶ JCAキャッシュレス指数2019** 図表05-1

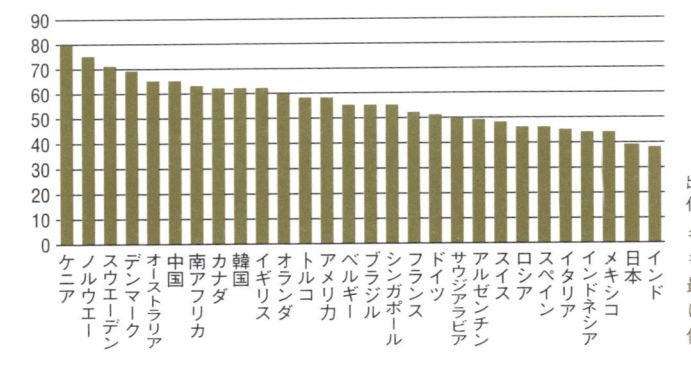

出所：日本キャッシュレス化協会ホームページ

キャッシュレス度が最も大きい国はケニアで、最下位はインド。日本は下から数えて2番目に位置する

## ○ なぜ日本が低いのか

図表05-2 のように、日本には現金が多く流通していることが指数を引き下げています。ただ、これらの現金の多くはいわゆる「タンス預金」に回っていると考えられており、日々の取引で使われているわけではありません。

日本人はデビットカード、クレジットカード、電子マネーカードなどさまざまな支払い手段を持っていますが、種類が多すぎて逆に利用できていないのです（レッスン6参照）。行動経済学では選択肢が多すぎると何も選ばなくなることが知られています。せっかくさまざまなサービスがあるのに、キャッシュレス支払い回数の順位がかなり低くなっている原因はそこにあるといえます。

## ○ 日本のキャッシュレス化は進めるべきか

そのような状況の日本ですが、キャッシュレス化を進めたほうがよいのでしょうか？ それに対する私の答えは「イエス」です。ただし、乗り越えなければならないハードルがたくさんあり、本書でこのあと解説していきます。ここでは、「キャッシュレス化が進む」とはどのような状況なのか考えてみましょう。いまの日本のようにキャッシュレスを使いたい人だけが使えばよいのであれば、対策は比較的簡単です。

しかし、キャッシュレスを文字通り「現金がない」という状態だと考えると、対策は大変です。この点は第3章で考えましょう。

キャッシュレス化は「支払い行動のデジタル化」であり、デジタルエコノミーを進めていくうえで欠かせないインフラです。支払い行動のデジタル化により私たちの生活はより便利になるというのが、キャッシュレス化を進めるべき理由です。

▶ **日本のキャッシュレス順位** 図表05-2

| 項目 | 順位 |
|---|---|
| 総合順位 | 27位 |
| 現金残高のGDP比率 | 28位 |
| モバイルマネー給与受取 | 28位 |
| キャッシュレス支払い回数 | 23位 |
| 紙幣の最高額面の価値 | 11位 |
| 人口10万人当たりATM台数 | 20位 |

出所：日本キャッシュレス化協会ホームページ
図表05-1 のグラフの中身はこうした順位を統合したもの

古い紙幣を法的に無効にすることで、現金残高は大幅に減るでしょう。

## Lesson

# 06

[キャッシュレスサービス]

# 日本のキャッシュレスの現状

このレッスンの
ポイント

レッスン5で見てきたように、日本のキャッシュレス度合い
が低いことはわかりました。その理由として選択肢が多すぎ
ることは前述のとおりですが、実際にどのような選択肢があ
るのか、キャッシュレスサービスの状況を見てみましょう。

## ◯ 種類豊富なキャッシュレス決済

日本はキャッシュレス技術では世界に先行していました。たとえばオンライン銀行（インターネット銀行）は1990年代末ごろからサービスを開始しており、楽天EdyやSuicaなどのカードを使ったコンタクトレス決済もいち早く普及しました。後払いの代表格であるクレジットカードもVISA、MasterCard、American Expressの3大国際ブランドだけでなく、JCBのような日本ブランドが普及していることも周知のとおりです。

キャッシュレス決済と聞いてまず思い浮かべる人が多いであろう電子マネーについては、JR東日本など交通機関が運用する交通系、楽天などが運用する流通系などと分類されますが、近年はコンビニやスーパー、衣料品店などさまざまな企業が電子マネーを発行しており、数え上げることもできないくらい種類が増えています（図表06-1）。

▶ 日本の主なキャッシュレスサービス 図表06-1

| キャッシュレス種別 | 代表的なサービス | |
|---|---|---|
| デビットカード | J-Debit、VISAデビット、JCBデビット | |
| クレジットカード | VISA、MasterCard、American Express、JCB | |
| 電子マネー | 交通系 | Suica、PASMO |
| | 通販、小売系 | 楽天Edy、WAON |
| | IT企業 | LINE Pay、PayPay |
| | 金融機関 | Bank Pay、はまPay |
| | 自治体 | アクアコイン |
| | コンビニ | ふぁみぺい |
| クレジットカード紐づけ | Amazon Pay、PayPal | |

キャッシュレスサービスはここに挙げた以外にも多くのものがある。キャッシュレスの分類についてはレッスン8を参照

## ◯ 決済金額ではクレジットカード

このようにさまざまな事業者がサービスを提供しており、いまでは多くの人が利用しているキャッシュレスですが、これらのうちどの手段が最も使われているのでしょうか。

それはクレジットカードです。**図表06-2** のように、2018年にはクレジットカードが約67兆円、電子マネーが約5兆円使われています。多くの人が思い当たると思いますが、クレジットカードは、光熱費、通信費、保険料などの定期払いの手段として定着しており、この地位がゆるがない以上、<u>キャッシュレス＝クレジットカード</u>という図式は変わらないでしょう。

▶ **サービス別の決済金額** 図表06-2

単位：兆円

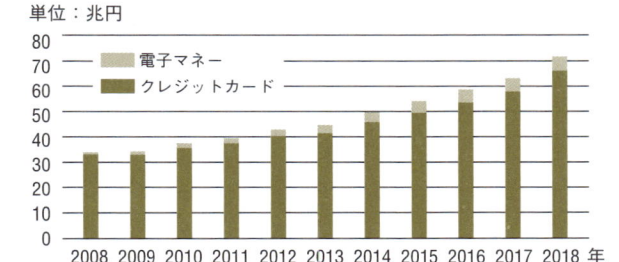

キャッシュレス支払い手段のうち、金額ベースで最も利用が多いのはクレジットカード

出所：日本銀行「決済動向」、日本クレジット協会「クレジット関連統計」

## ◯ 多すぎる選択肢は逆効果

BIS（国際決済銀行）の統計では、<u>日本人はクレジットカード、デビットカード、電子マネーカードを合わせて8枚保有</u>しています。これにスマートフォンにこっそりインストールされた「Payアプリ」も足すと、私たちはかなり多くのサービスを「持っている」ことになります。しかし、これらのサービスが「使われていない」ために、キャッシュレス化が進んでいないのです。

前述の通り、人々は選択肢が多すぎると、選択すること自体を止めてしまうことが示されています。サービスが乱立していてどれを使ったらよいのか考えたくないので、現金を使っているのが現状といえるでしょう。この状況をどのように変えていけばよいか、このあとのレッスンを通じて考えていきます。

> 「現金が好き」なのではなく、「現金を使わざるを得ない」のであれば、状況を改善することでキャッシュレス化が進みます。

# COLUMN

## キャッシュレスは現金と対立するか？

第1章では、日本社会におけるキャッシュレスと現金の関係を利便性やコストの観点から見てきました。ではこの2つの「ツール」は対立するのでしょうか。結論からいえば、「対立しない」というのが私の考えです。現金は支払いのための道具の1つにすぎません。私たちはすでにさまざまな支払いの道具を持っており、場面に応じて使い分けています。キャッシュレスは現金を節約するための手段ですが、現金を敵視しているわけではありません。

歴史をひもとくと、支払いの道具はどんどん形を変えています。黒曜石などの石の時代、金属の時代、紙の時代と進んできますが、穀物や織物なども支払いの道具として使われた時期や地域があります。これらは金額が大きくなるとかさばるため、ネッティングや金額を表す証書を利用してきました。日本では、10世紀に切符（きりふ）、14世紀には割符（さいふ）という証書が登場しています。19世紀ころになると、イギリス国債なども多額の支払いに使われるようになりました。いつの時代でも、現金とキャッシュレスは併存してきたのです。

現金がなくなるというニュアンスを持つ「キャッシュレス」という言葉自体にも問題があるように思えます。現金の存在自体が善か悪かのように語られていますが、どちらの意見も間違っています。何でも白黒対立させて考える日本人の悪い癖も正しい理解を妨げています。

現在は、現金の節約手段が増える現象とお金の形が変わりつつある現象が同時に進んでいます。私たちは、どのような方法が利用可能なのか、どのようなルールを設けるべきか、といった普及策を検討しながら、どのような問題が起きると予想されるのか、問題が起きたらどのように対処するのか、人々が理解できるようにどのように説明するのか、などさまざまな課題を考える必要があります。キャッシュレスについて是か非かを論じる段階はもう過ぎ去っています。

ゼロかイチかは生産的な議論につながりません。新しい横文字の用語を何でも否定する「けしからん族」も、意味もなく横文字を使う「俺イケてる族」も社会の発展を妨げます。正しい理解をもとに生産的な議論をする時期が訪れています。

# Chapter

# 2

# キャッシュレスとは
# 何か理解しよう

クレジットカードなど現金以外の支払い手段は数多くあります。本章ではそもそもお金とは何なのかという問題を考えた後に、どのような支払い手段があるのか、分類をしてみましょう。

# [通貨の役割]

# 通貨の役割を理解する

このレッスンの
ポイント

> 私たちが普段何気なく使っているお金。私たちは紙や金属
> をお金として使っていますが、紙自体にはお金としての価
> 値はありません。ここではお金を「通貨」と呼ぶことにして、
> その機能を見ていきましょう。

## ○ 通貨の機能①「計算単位」

私たちがものを売ったり買ったりするためには、価格が必要です（**図表07-1**）。バゲットが1本400円、ジャムが1個800円と価格がわかれば、バゲット2本とジャム1個を交換すればよいことがわかります。この機能を、通貨の「計算単位」といいます。計算ができると、バゲット1本とジャム半分というように、細かく分けて取引することも可能になります。

計算単位の機能は、異なる通貨を使う国同士の比較でも力を発揮します。1枚2ユーロのチョコレートは、1ユーロ＝130円という為替レートがわかれば、2ユーロ×130＝260円と計算ができます。

▶ **価格がわかれば取引はスムーズに** 図表07-1

1本 400 円    1瓶 800 円                    交換が容易に

通貨があることで、ものの価値が計算できるようになる

> 通貨とは、価値を交換
> するための道具です。

# ● 通貨の機能②「流通手段」

もし通貨がなければ、バゲットがほしい画家は、絵をほしがっているパン屋を探さなければなりません。物々交換の世界では、お互いに相手がほしいものを提供しなければ取引が成立しません。これを「要求の二重の一致」といいます。日用品であれば相手を見つけるのは簡単ですが、芸術品などは相手がなかなか見つか

らず、取引が成立しません。

通貨が取引の仲立ちをすれば、この問題を解決できます（**図表07-2**）。画家は絵を売って通貨を手に入れ、その通貨でバゲットを買います。そうすれば、パン屋が絵を欲しがっていなくても画家はバゲットを手に入れられます。このような機能を<u>「流通手段」</u>といいます。

## ▶ 通貨が取引の仲立ちをする **図表07-2**

**通貨がない場合**

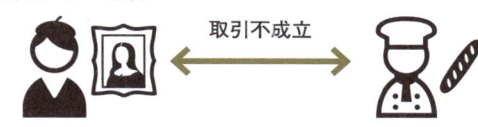

取引不成立

バゲットが欲しい画家 　　　　　　　花が欲しいパン屋

**通貨がある場合**

　絵を売って通貨に　　通貨でパンを買う　

バゲットが欲しい画家 　　　　　　　　　　　　　　　　　花が欲しいパン屋

**通貨で花を買う**

通貨によって、取引を仲立ちできる

---

### 👍 ワンポイント　通貨の中の通貨、アメリカドル

通貨の仲立ちの機能は、国際的な通貨の取引でも活躍しています。たとえばケニアの通貨シェケルから、ブルガリアの通貨レバへの交換を望む人は、相手を見つけるのが困難です。そこで、ケニアシェケルをいったんアメリカドルに交換し、ドルをブルガリアレバに交換します。取引回数は2回に増えますが、相手を見つけるのは容易になり

ます。外国為替市場では、ドルはさまざまな為替取引の媒介通貨として機能しています。

両替では、日本円からアメリカドルへの両替手数料が、ほかの通貨への手数料よりも安くなります。ドル以外の通貨の交換では、間に1回ドルを挟むために手数料が高くなるのです。

## ● 通貨の機能③「価値保存」

通貨には時間を分散させる役割もあります。物々交換の世界では当事者同士が直接取引をするため、同じ時刻に出会う必要があります。しかし、通貨があれば、自分の物を売って通貨を手に入れた後、しばらく通貨のまま保管して、後日、物を買えるようになります。冷蔵庫のない時代には、食料品をまとめて買うと食べ切る前に腐ってしまいます。必要な分だけこまめに買ったほうが便利です。

そうすると、通貨には一定期間価値を保ち続けるという機能が求められます。計算単位や流通手段を満たすだけなら、たとえば、イワシでもOKです。しかし、イワシを何年も保存できません。通貨の機能を果たすためには、長期間、形や価値を保てることが求められます。(図表07-3)

▶ **価値保存の機能** 図表07-3

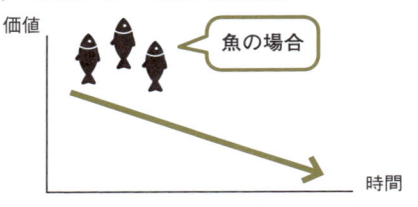

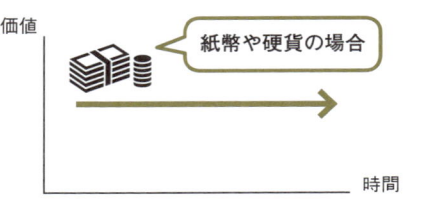

通貨には長期間、形や価値を保つことが求められる

## ● 紙や金属が使われる理由

古い時代には、石や貝などが通貨として使われていました。「買・貸・貢・貯・資」などお金に関わる漢字には貝が含まれていることからも想像できます。ただ、高品質なものを大量に供給するのは難しく、より利便性の高い素材に取って代わられました。

金属は加工が容易なこと、金や銀は小粒でも価値が高いことなどから、金属の硬貨が通貨に使われてきました。特に金貨はサビもなく、長い間美しさを保てることから、現在でもコレクター向けや資産形成のために取り引きされています。ただし、金属は大量に集まると重くなり運びにくいという問題があります。それを解決するのが紙幣です。紙は金属よりもはるかに軽く、保存にも適しています。ただし紙幣には偽造の問題があることから、レッスン4で見たように、通貨には最新技術を使った工夫が施されています。

> 紙もたくさん集まるとかさばります。もっと運びやすく、保存に適したものはないのか、という問いの答えが「電子的な通貨」ということになり、キャッシュレス化へと話がつながっていきます。

# ○ 機能だけでは不十分

ここまで通貨の3つの機能を見てきましたが、現在の社会では、これだけでは不十分です。私たちの社会では、経済の基本単位は国であり、「これは通貨ですよ」と政府が認めたものだけが正式な通貨として流通します。この法律によって通貨と認められたものを、「法定通貨」（法貨）といいます。

日本では硬貨と紙幣には「強制通用力」が与えられており、硬貨と紙幣による支払いを拒否できません。「現金お断り」の店が日本でも増えてきましたが、厳密にいえばこれは違法になります。

経済学の世界では、「ネットワーク外部性」という言葉があります。これは、みんなが通貨として使えば、自然と通貨として機能するようになるという考え方です（図表07-4）。電子マネーや仮想通貨は、ネットワーク外部性によって支払いに使われつつありますが、法定通貨ではないということに注意する必要があります。仮想通貨と法定通貨のどちらが信用できるのか、難しい問題です。普通は、平和な時代には仮想通貨も使われますが、災害や戦争など社会が混乱する時期には仮想通貨は価値を失い、法定通貨が使われるように思えます。しかし、社会が混乱しているときには国に対する信用が失墜して仮想通貨が使われるかもしれません。1998年のロシア危機のときには、極東で人々が日本円を使ったケースもあります。

## ▶ ネットワーク外部性 図表07-4

大勢が通貨として使えば、通貨として機能するようになる

私たちが銀行に預けている預金も「預金通貨」として定義されており、支払いに使うことができます。

---

## 👍 ワンポイント　古い紙幣も法定通貨

日本では新しい紙幣が発行される際に古い紙幣を廃止にしていません。そのため、1円札を含む古い紙幣が現在でも有効になっています。古い紙幣を廃止にしないと、人々は紙幣を財産として貯め込むようになり、キャッシュレス化の障害となります。

# Lesson 08

[キャッシュレスの分類]

# キャッシュレスの手段を整理する

このレッスンの
ポイント

クレジットカードや電子マネーなど、キャッシュレスの方法はいろいろあるうえ、日々新しいサービスが増えています。また、キャッシュレスの分類方法も人によってさまざまです。少し交通整理をしましょう。

## ○ キャッシュレスを分類する

キャッシュレスと聞くと、スマートフォンやQRコードを使った支払いをイメージするかもしれません。しかし、スマートフォンはプラスチック製のカードや振り込み用紙の役目を果たしており、支払い手段そのものではありません。スマートフォンは支払いの道具、デバイスです。QRコードも支払い相手のあて先をコード化したもので、QRコードは振り込みにも、

電子マネーにも、仮想通貨にも使われています（図表08-1）。

クレジットカードも支払い手段ではなく、銀行預金の後払いのための仕組みです。本書では「価値の移動を実現させるもの」という視点から、キャッシュレスな支払い手段を銀行預金、電子マネー、仮想通貨、電子通貨に分類します。

▶ デバイスと決済手段の関係 図表08-1

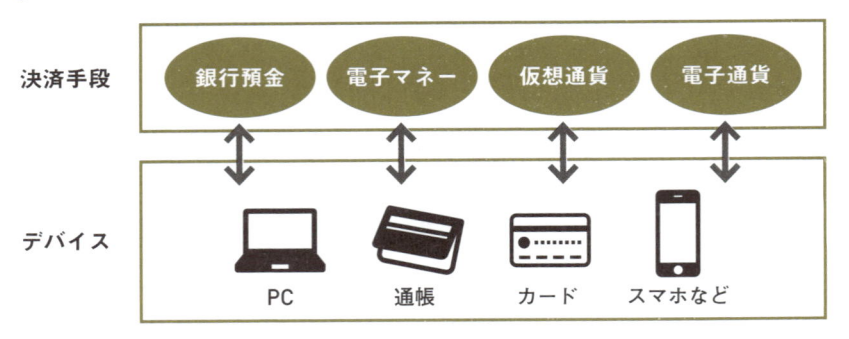

決済手段：銀行預金　電子マネー　仮想通貨　電子通貨

デバイス：PC　通帳　カード　スマホなど

決済手段（キャッシュレスの手段）と、支払うためのデバイスは別物

## ◯ キャッシュレスは4つに分けられる

4つのキャッシュレス手段ごとの特徴は 図表08-2 のようになります。電子マネーや仮想通貨にはさまざまな種類があるため、Suicaやビットコインなど主要なものを想定して記入してあります。また、電子通貨は執筆時点では登場していないことから、予想という意味で「?」がつけられています。

図表08-2 を見ると、それぞれ独自の特徴を持っていることがわかりますが、一方で、価値保存やデバイスなどでは4つの差がほとんどありません。次のレッスン9でそれぞれくわしく見ていきましょう。

### ▶ 4種類のキャッシュレスと現金の特徴 図表08-2

| | 銀行預金 | 電子マネー | 仮想通貨 | 電子通貨 | 現金 |
|---|---|---|---|---|---|
| 発行主体 | 銀行 | 団体 | 発行主体なしor団体 | 政府 | 政府 |
| 通貨単位 | 法定通貨 | 法定通貨 | 独自単位 | 法定通貨 | 法定通貨 |
| 支払い方法 | 振り込み、引き落とし | カードなどにチャージ | PCなどで支払い指図 | カードやPCなど? | 手渡し |
| 価値保存 | 可能 | 使用期限があるものも | 可能 | 可能? | 可能 |
| デバイス | カード | PCなど、カード | PCなど、カード | PCなど、カード | PCなど、硬貨・紙幣 |
| 匿名性 | なし | 一部あり | なしorあり | なし? | あり |
| 主な関連法 | 銀行法 | 資金決済法 | 資金決済法 | 新新貨幣法? | 日銀法、新貨幣法 |

注：団体は、企業・自治体・財団などを指す。PCなどは、PC、タブレット、スマートフォンなどインターネットに接続できるデバイスを指す。

それぞれの手段ごとに特徴があるが、価値保存やデバイスについては共通しているものが多い。なお、執筆時点で未確定となっているものについては「?」をつけてある

> 現金を使わないようにすることだけが、キャッシュレスではありません。銀行振り込みのようにすでにキャッシュレス化している分野でも新しい技術やサービスが登場しています。本書では、そのような新しい動きもキャッシュレス化として解説していきます。

## Lesson 09 ［銀行預金］

# キャッシュレスの類型①「銀行預金」

**このレッスンのポイント**

銀行は私たちになじみのある金融機関です。銀行は個人や企業から預金を預かって貸し出すのが仕事ですが、**銀行預金はキャッシュレスの支払い手段**にもなっています。ここではキャッシュレスの観点で銀行預金を見てみましょう。

## ◯ 銀行預金とは？

私たちがATMで現金を預けると、口座の預金残高が増えます。このときに、「現金」という形のあるものが「銀行預金」という形のないものに変換されます（図表09-1）。こうして考えると、銀行預金はもともとバーチャルな存在であり、私たちはバーチャルな支払い手段、すなわちキャッシュレスの利用にすでに慣れているという見方もできます。

銀行預金も通帳を見ることで物理的な形のあるものとして感じることができましたが、近年増えているオンライン銀行（インターネット銀行）では通帳が発行されません。PCやスマートフォンの画面上に表示されるデジタルな数字を見るだけです。慣れないうちは不安に感じるようですが、慣れてくれば、PCやスマートフォンでいつでも残高確認や振り込みができる利便性を実感します。そもそもバーチャルな銀行預金を扱うのに、通帳や印鑑という形のあるものを使うほうがおかしなことだったのだといえるでしょう。

▶ **銀行預金はキャッシュレス** 図表09-1

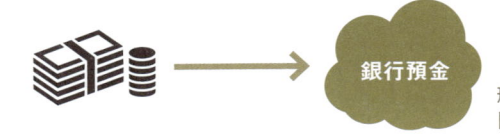

形のある現金が、形のない「銀行預金」に変換される

銀行は送金や相談・アドバイス、国債などの証券の売買、保険の販売なども行っており、手数料の支払いや代金の受払いが発生します。これらのお金のやりとりにも銀行預金が使われます。

# ◯ 銀行預金の支払い方法

銀行預金を使った支払いは振り込みと引き落としに分けられます。振り込みは支払い側が銀行に支払い指図（振込先や金額などの指示）を出す方法です（図表09-2）。振り込みたいときにすぐに手続きできるという利便性があります。

一方の引き落としは、受け取り側が銀行に支払い指図を出す方法です。振り込みに比べて事前の確認手続きが発生しますが、光熱費など定期的に発生する支払いでは引き落としが便利です。

## ▶ 銀行預金の支払い方法 図表09-2

・振り込みの流れ

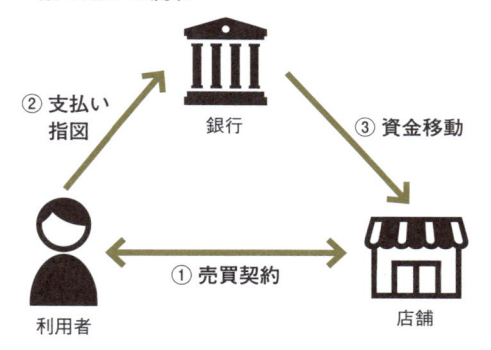

振り込み、引き落としともに銀行への指図を通して行われる

・引き落としの流れ

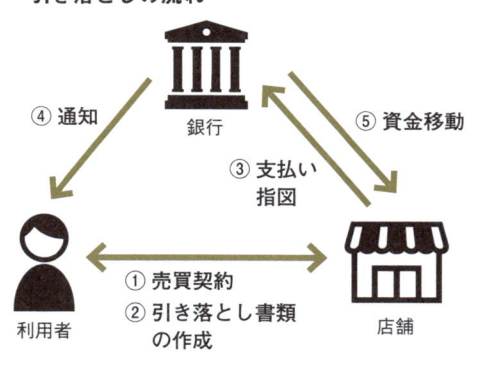

以前は土日や夜間は振り込みができませんでしたが、システムの改良により24時間・365日の振り込みに対応する銀行が増えています。

---

👍 **ワンポイント　銀行間の資金の移動**

ここでは省略していますが、銀行は中央銀行（日本では日本銀行）に口座を開いており、銀行間の決済は中央銀行の決済システムを通じて行われます。システムの利用料金が手数料として利用者に転嫁されています。

## ◯ 銀行預金に紐づいたキャッシュレス①「デビットカード」

デビットカードは銀行のキャッシュカードで、銀行預金でキャッシュレス決済をするためのデバイスの1つです。デビットカードはATMで現金を預けたり下ろしたりするのに使いますが、多くの国ではスーパーなどでの支払いにも使えます（図表09-4）。カードの使い方はクレジットカードとほぼ同じで、カードを端末に差し込んでPINコード（暗証番号）を入力して、確認のボタンを押します。

デビットカードで支払いをすると、すぐに銀行に情報が伝わって、支払金額が引き落とされます。そのため、口座残高が不足しているときには使えません。

## ◯ デビットカードは大本命

日本にもJ-Debitというデビットカードの仕組みがあります。ただ、サービスの開始当初は平日の昼間にしか使えないという制約があったため、普及しませんでした。一方で、世界に目を向けてみると、ヨーロッパではデビットカードが広く普及しています。口座残高を超えて使い過ぎるという問題がなく、店舗が支払う手数料もクレジットカードよりも低く設定されています。少額であれば端末にタッチするだけでも使えます。こういった安全性や利便性の高さから、デビットカードがキャッシュレスが普及するカギを握っていると筆者は考えています。

▶ **デビットカードの仕組み** 図表09-4

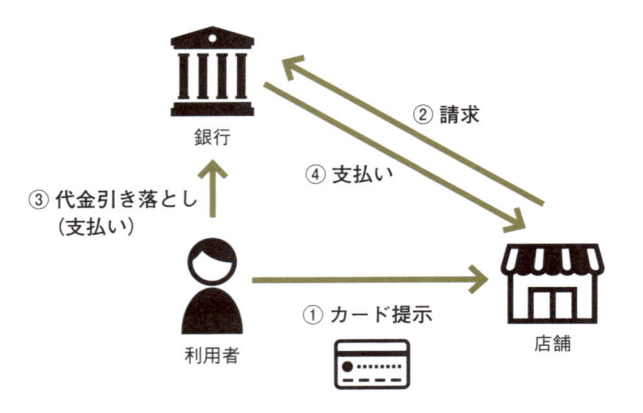

- ② 請求
- ③ 代金引き落とし（支払い）
- ④ 支払い
- ① カード提示

銀行 / 利用者 / 店舗

デビットカードで支払い手続きをすると、その場で銀行に情報が伝わり、口座から支払金額が引き落とされる

日本では 2019 年秋より Bank Pay というデビット機能を持った QR コードでの支払いが始まりますが、デビットカードの普及も進めてほしいところです。

# ◯ 銀行預金に紐づいたキャッシュレス② 「クレジットカード」

クレジットカードも銀行預金に紐づいたキャッシュレスのデバイスです。クレジットとは「信用」という意味で、お金を借りるということを表しています。私たちがクレジットカードを使うと、店舗からカード会社に請求が届きます。請求額はカード会社が立て替え払いし、後日私たちに請求します。最終的な支払いは銀行預金からの引き落としになります（図表09-5）。

クレジットカードの利用は借金であるため、金利が発生します。1回払い（一括）だと金利は0%ですが、分割やリボ払い（リボルビング払い）にすると金利がかかります。日本では1回払いの人も多いですが、アメリカではリボ払いが一般的です。クレジットカード会社は、店舗からの決済手数料と私たち利用者から徴収する金利を収益源にしています。

## ▶ クレジットカードの仕組み 図表09-5

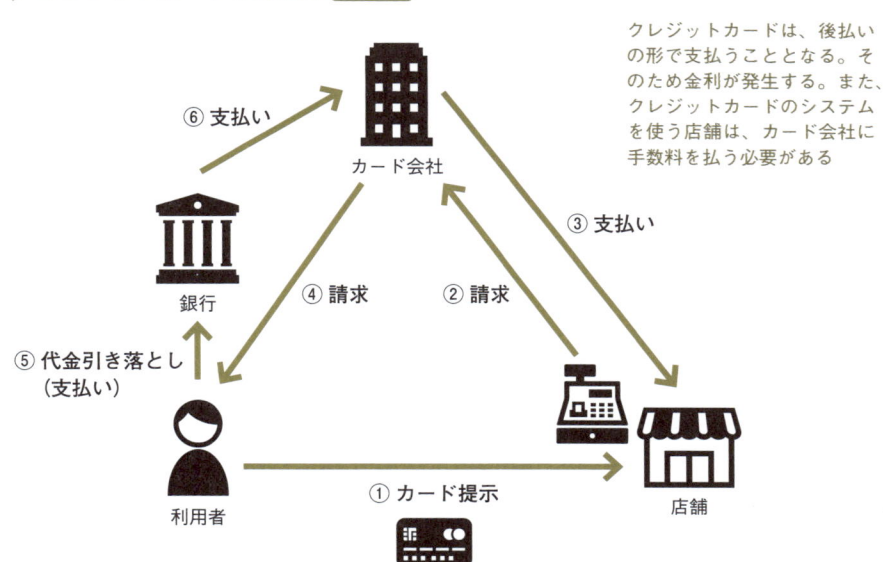

⑥ 支払い

カード会社

銀行

④ 請求　② 請求

③ 支払い

クレジットカードは、後払いの形で支払うこととなる。そのため金利が発生する。また、クレジットカードのシステムを使う店舗は、カード会社に手数料を払う必要がある

⑤ 代金引き落とし（支払い）

利用者

① カード提示

店舗

リボ払いは、3万円など毎月一定額を返済する方式です。返済しきれなかった部分には15%以上の金利がかかります。ポイントがたくさんついてお得だという印象がありますが、ポイントよりもはるかに高い金利を支払っているということを忘れてはいけません。

Lesson
[電子マネー]

# 10

# キャッシュレスの類型②「電子マネー」

**このレッスンのポイント**

日本ではさまざまな電子マネーが使われており、私たちにはなじみの深い支払い手段です。アフリカなどの途上国でも電子マネーは広く使われていますが、<u>銀行口座がなくても利用できる</u>という点が支持されています。

## ○ 電子マネーとは？

電子マネーは一言で定義するのが難しい支払い手段です。一般的には、<u>企業や団体、自治体などが発行主体となり、プラスチック製のカードやスマートフォンなどにチャージします</u>（**図表10-1**）。日本で流通している電子マネーは、個人から個人に受け渡しできないものが多いですが、外国では個人間での受け渡しができるもの

が一般的です。最近はクレジットカードや銀行口座から自動的にチャージできるものも増えています。

政府が発行するものではないため、発行主体が破綻したりサービスを突然停止したりするリスクを抱えた支払い手段といえます。

▶ **電子マネーの仕組み** 図表10-1

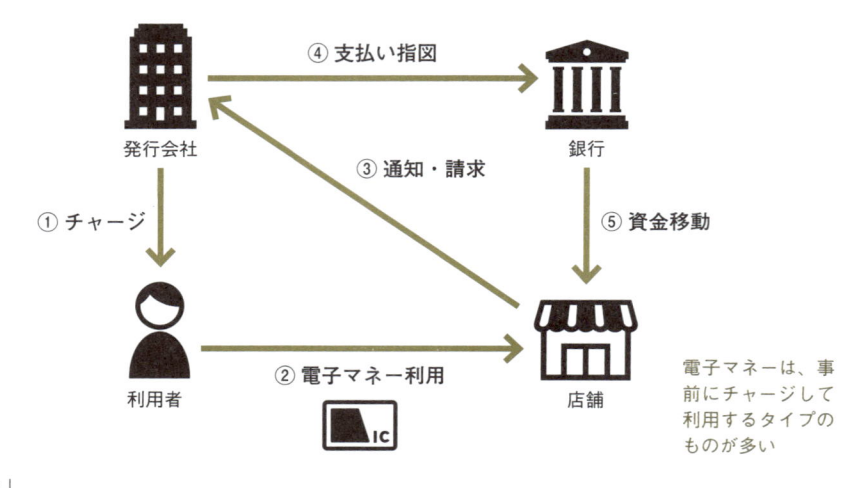

④ 支払い指図

発行会社　　　　　　　　　　　　銀行

③ 通知・請求

① チャージ

⑤ 資金移動

利用者

② 電子マネー利用

IC

店舗

電子マネーは、事前にチャージして利用するタイプのものが多い

## ● さまざまな電子マネー

日本の電子マネーは交通系、流通系などと分類されていますが、これは発行主体による分類です。外国では、通販企業や通信会社、配車企業などが電子マネーを発行しています（**図表10-2**）。電子マネーは比較的簡単に発行できるため、数え切れないほど存在します。

▶ **世界の代表的な電子マネー** **図表10-2**

| 発行業種 | 主な電子マネー |
| --- | --- |
| 交通機関 | Suica（日本）、Octpus（香港） |
| 通販企業 | Alipay（中国）、WeChat Pay（中国）、楽天Edy（日本） |
| 通信会社 | M-Pesa（ケニア）、MTN（南アフリカ）、Airtel Money（インド） |
| 配車企業 | GoPay（インドネシア） |

発行主体の業種ごとに電子マネーを分類した

## ● 活用の幅の広さが魅力

電子マネーの利点は、サービスを組み合わせて付加価値を高めやすい点にあります。電子マネーの発行主体が提供するサービスで使えるのはもちろんですが、他社との提携により使える場所を広げられます。

たとえばSuicaは、発行元であるJR東日本系列の施設だけでなく、コンビニや飲食店でも使えるのがその例です。電子マネーによる融資も行われており、その場合、発行主体は銀行のような役割を果たすことになります。

このように、電子マネーはアイデア次第で活用の幅や利便性が高められるのが特徴です。また、国際的に使える電子マネーも増えつつあります。

---

👍**ワンポイント　すべてのPayが電子マネーというわけではない**

日本ではLINE Payのように「○○Pay」という名前がつく電子マネーのサービスが数多くありますが、Bank Payのように電子マネーではないサービスもあります。アメリカにも「PayPal」や「Amazon Pay」などペイの名前がつくサービスがありますが、これらはクレジットカードをより便利に使うためのサービスです。韓国の「Samsung Pay」もクレジットカードに紐づいたサービスです。最近では銀行預金口座に紐づけできるペイも登場しており、日本とは異なる展開を見せています。一方で、アジアなどの途上国では、ペイは電子マネーを表しています。地域によってペイが指しているものは異なるのです。

[仮想通貨]

# キャッシュレスの類型③ 「仮想通貨」

このレッスンの
ポイント

**2009年に登場した<u>ビットコイン</u>は世界に大きなインパクトを与えた仮想通貨です。送金や取引に使える一方で、仮想通貨は「通貨」ではないという意見も根強くあります。まずは、仮想通貨とは何なのか見ていきましょう。**

## ⬤ 仮想通貨とは？

仮想通貨の代表格は「ビットコイン」です。日本では資金決済に関する法律で仮想通貨が定義づけされていますが（**図表11-1**）、簡単にいえば、「取引に利用できる財産的価値を持った電子的な媒体」といった意味になります。取引所で口座を開設して法定通貨と交換して入手するため、外国の通貨と同じように為替レートが存在するという特徴があります。

仮想通貨には、電子マネーのように発行主体があるものもあれば、ないものもあります。前者で代表的なものはNEM財団が発行する「NEM」で、後者の代表格は

ビットコインです。近年では、前者のような仮想通貨が増えていて、電子マネーとの境がぼやけてきています。

発行主体がない仮想通貨は、<u>価値が保証されているわけでもなく、管理は保有する個人に委ねられます</u>。送金を管理する人もなく、すべての取引が不特定多数の人々が使うプログラムによって進められていきます。当然悪意のある参加者も多くいますが、それでも安全に取引できるという巧妙な仕組みが取り入れられています。仮想通貨については第4章でくわしく解説しています。

**将来は、NEM タイプの仮想通貨は電子マネーとして扱われるようになるでしょう。なお、仮想通貨には「暗号通貨」や「暗号資産」などの呼び名がありますが、本書では最も普及している「仮想通貨」を使います。**

# ● ビットコインの送金の仕組み

ビットコインを例に、仮想通貨の取引の仕組みを見てみましょう（図表11-2）。現在では、PCやスマートフォンのアプリでビットコインを送金でき、QRコードもよく利用されています。支払い指図はインターネット上に流され、「マイナー」という送金処理担当者が支払い指図をキャッチします。マイナーの手元にはたくさんの支払い指図が溜まっているため、すぐに処理されるとは限りません。仮想通貨の世界では銀行振り込みと同じように、送金手数料は支払い側が負担します。マイナーはより高い手数料を提示した支払い指図を優先するため、早く処理してほしいのなら高めの手数料を提示する必要があります。

送金が完了したかどうかはブロックチェーンというデータベースを参照すればわかります。すべての取引が誰にでも閲覧できるデータベースに記録されているというのも仮想通貨の特徴の1つです。

全体の流れは銀行振り込みに似ていますが、支払い指図がいつ、誰に処理されるのかわからないこと、着金は受け取り側が確認しないとわからないこと、などの違いがあります。

▶ **資金決済に関する法律第2条第5項** 図表11-1

5 この法律において「仮想通貨」とは、次に掲げるものをいう。

　一 物品を購入し、若しくは借り受け、又は役務の提供を受ける場合に、これらの代価の弁済のために不特定の者に対して使用することができ、かつ、不特定の者を相手方として購入及び売却を行うことができる財産的価値（電子機器その他の物に電子的方法により記録されているものに限り、本邦通貨及び外国通貨並びに通貨建資産を除く。次号において同じ。）であって、電子情報処理組織を用いて移転することができるもの

　二 不特定の者を相手方として前号に掲げるものと相互に交換を行うことができる財産的価値であって、電子情報処理組織を用いて移転することができるもの

「電子情報処理組織」とは、インターネットやコンピューターなどのこと

▶ **ビットコインの送金** 図表11-2

① 支払い指図公開　② マイナーが支払い指図を収集　③ ブロックチェーンというデータベースに書き込み　④ 受け取り側がブロックチェーンを確認

途中でマイナーという送金処理担当者を介すため、支払い指図をしてから処理されるまでタイムラグが生じる

## Lesson 12 ［電子通貨］ キャッシュレスの類型④ 「電子通貨」

このレッスンの
ポイント

政府が発行するデジタル形式の通貨が電子通貨です。電子通貨は現金と同じように政府が発行するもので、国の保証がついたキャッシュレス支払い手段です。電子通貨は、銀行の役割に大きな影響を及ぼすことが予想されています。

## ● 電子通貨（e-cash）とは？

政府には人々が安心して使える安全な支払い手段を提供する義務があります。現在は紙製と金属製の現金を提供していますが、現金には盗難の恐れや詐欺での利用など安全性を脅かす問題が発生しています。また、キャッシュレス化が進む中でキャッシュレスな支払い手段の提供を民間に任せきっていいのか、という問題意識もあります。そのような状況の中、政府が電子的な支払い手段を提供するべきではないのか、という議論が広がりつつあるのです。

電子通貨はまだ研究段階で、中身は想像するしかありません。とりあえず、政府が発行する電子マネーをイメージすればよいでしょう。将来的には、銀行口座を使わずに給料を日本銀行に開いた口座に直接電子通貨で振り込んでもらって、そのまま保有するデバイスを介して電子通貨を使えるようになるかもしれません。そうなると銀行は大きな影響を受けそうです。

国際的には、電子通貨に対して「CBDC」（Central Bank Digital Currencies）という長ったらしい名前がつけられてしまいました。本書の電子通貨もこれと同じものを指しています。

## ● 電子通貨によって何が起こるか

スウェーデンなどでは本格的な研究が進められていますが（レッスン35）、電子通貨が発行されても現金はなくならず、併用されると想定されています。電子通貨の登場イコール完全なキャッシュレス化、というわけではありません。その意味では、私たちの支払い手段が一変するということはないでしょう。

ここでは、電子通貨を誰が管理するのか、電子通貨には金利がつくのか、という問題を考えてみましょう（図表12-1）。電子通貨を銀行が管理するのであれば、「銀行預金」が「電子通貨」と名前が変わるだけであまり変化はありません。しかし、日本銀行が直接管理することになると、私たちは日本銀行に口座を開いて電子通貨を受け取ります。給与を電子通貨の口座に直接振り込んでもらえば、銀行預金は必ずしも必要ではなくなります。

電子通貨は現金のように銀行から引き出して手元におくことはできません。常に口座にある状態となるため、電子通貨には銀行預金のように金利をつけられるようになります。金利がつくようになると、銀行は預金してもらうためにより高い金利を提示する必要が出てきます。銀行にとってコスト増になりますが、コストを穴埋めするために住宅ローンの金利などが高くなるでしょう。

中央銀行に金利がつく電子通貨が作られれば、多くの人が銀行預金を解約するでしょう。銀行は投資ファンドのような役割を担うようになり、銀行業界の再編が一気に進むことが予想されます。

### ▶ 電子通貨がもたらす変化 図表12-1

|  | 銀行が管理 | 中央銀行が管理 |
|---|---|---|
| 金利がつかない | **大きな変化なし**<br>現在の銀行預金が電子通貨に入れ替わる | **変化あり**<br>銀行口座の解約が低所得者を中心に進む |
| 金利がつく | **大きく変化**<br>銀行は高い預金金利を提示せざるを得ず、貸出金利が高くなり、企業や家計への融資が減少する | **大きく変化**<br>銀行預金は債券と同じような性格に代わり、銀行業務は大きく変化する |

電子通貨を管理するのが民間銀行か中央銀行かによって、このような変化が生じる

## ⓘ COLUMN

### 100ドル札は廃止するべきか

アメリカでは経済学者などが100ドル札の廃止を提唱しています。「100ドル札は麻薬取引などの犯罪や、不法移民への不当に安い賃金支払いに使われているから廃止すべきだ」といった声や「100ドル札の存在がキャッシュレスへの移行を妨げている」、「100ドル札をなくせばマイナス金利政策の効果が増す」など廃止のメリットが説かれています。ここではマイナス金利政策以外のメリットを考えてみましょう。

100ドル札が犯罪に利用されているのは事実だといえます。しかし、100ドル札を廃止しても50ドル札が使われるだけです。また、ドル札が不便になればビットコインなどを使うようになるでしょう。100ドル札を廃止しても犯罪は減りません。アメリカの最低賃金は連邦レベルで時給約8ドルです。不法移民はもっと安い賃金で日払い労働に従事しています。そもそも100ドル札の出番がありません。

人々が100ドル札で買い物をするからキャッシュレス化が進まないというのは、表面的な事実だけを見ると確かにその通りです。しかし第3章で見るように現金を使わざるを得ない人々への配慮も必要です。

JCAキャッシュレス指数（レッスン5）には、流通現金の最高額面の価値という項目があります。アメリカの100ドル札の価値は28か国中16位で決して価値が高すぎるわけではありません。100ドルは安くはありませんが直ちに廃止すべき高額紙幣ではありません。

私の結論は、100ドル札廃止は意味のない提案だというものです。それよりも犯罪やデジタルディバイド（デジタル格差）を抑制する方策を考えるほうが生産的です。

犯罪抑止という観点では、紙幣に RFID タグを埋め込めば、現金でもある程度追跡可能です。ただし犯罪者を牽制することはできますが、プライバシーとの兼ね合いで問題が生じます。

# Chapter

# 3

# 先行事例から学ぶ
# キャッシュレスの
# 可能性と課題

先進国だけでなく途上国でもキャッシュレス化が進んでいます。新しい技術が私たちの生活を便利にしていますが、社会問題も引き起こしています。世界には日本にとって参考になる事例がたくさんあります。

# 13

## ［海外事例：北欧諸国］

# 先行する北欧に学ぶキャッシュレス

このレッスンの
ポイント

> 北欧の国々ではキャッシュレス化が進んでいます。元々デビットカードやクレジットカードが普及していましたが、2010年代に入るとスマートフォンにデビットカードの機能が搭載され、キャッシュレス化が加速しました。

## ⬤ 早くからキャッシュレスが普及

スウェーデン、ノルウェー、デンマーク、フィンランドなどの北欧諸国は1990年代初頭にバブル経済の崩壊を経験し、その後ICT（情報通信技術）の振興を進めたことから、人々の新しい技術への抵抗感が少ないといわれています。また、国土が広い一方で人口が少なく（最も多いのはスウェーデンの約1,000万人。ほかの国

は500万人程度）、ATM網を充実させて現金を行き渡らせるためには多額のコストが必要になります。

デンマークでは1984年にデビットカード支払いが導入されており、キャッシュレスの歴史は実に30年以上にも及んでいるのです。

> 北欧が進んでいる理由には、キャッシュレスへの取り組みが早かったことが挙げられます。

### 👍 ワンポイント 「北欧」とは？

「北欧」とは、北欧理事会に参加している国や地域のことを指す用語です。北欧理事会は1952年に設立した組織で、本文で挙げたスウェーデン、デンマーク、ノルウェー、フィンランドのほか、アイスランド、フェロー諸島、オーランド諸島、グリーンランドが参加しています。これら北欧の国々では、私たち日本人もパスポートチェックなしで国境を越えて行き来できます。

# ○ 北欧各国の主要な決済サービス

北欧諸国では、スマートフォンにデビットカードの機能が入ったアプリが普及しています（**図表13-1**）。本書ではこれを「モバイルペイメント」と呼びます。スウェーデンの「Swish」はスウェーデンの人口の約73%のユーザー数を抱えており、ノルウェーの「Vipps」も人口比で59%のユーザーを抱えています。圧倒的なシェアを持っており、それゆえユーザーも店舗もこれらのサービスへの対応がしやすい状況です。Swishはスウェーデンの主要銀行が設立したGetswish社の製品で、銀行業界が一致団結して作ったサービスです。VippsはDNBという銀行が開発しましたが、ほかの銀行の参加を認めたため、圧倒的なシェアを占めるようになりました。

デンマークでは、全国で使われているデビットカードがそのままアプリになった「Dankort App」と「MobilePay」が激しいシェア争いをしています。先行したのはMobilePayですが、開発したDanske Bankがほかの銀行の参加を認めなかったため、あとから登場したDankort Appがユーザーの囲い込みを始め、競争が始まりました。たとえばNettoというデンマークを代表するディスカウントスーパーではDankortしか使えません。

フィンランドには、圧倒的なシェアを持つ決済サービスがありません。私は「Siirto」に注目していますが、現状は多くのサービスが乱立している状態です。フィンランドはほかの北欧諸国に比べて現金利用率が高いのですが、サービスの乱立がキャッシュレス比率を押し下げる例だといえるでしょう。

## ▶ 北欧の代表的な決済サービス 図表13-1

| 国 | サービス | サービス開始 | サービス主体 |
|---|---|---|---|
| スウェーデン | Swish | 2012年 | Getswish |
| デンマーク | MobilePay | 2013年 | Danske Bank |
| | Dankort | 2017年 | Nets Danmark |
| ノルウェー | Vipps | 2015年 | DNB |
| フィンランド | Siirto | 2017年 | Nordea Bankなど |

スウェーデン、デンマーク、ノルウェー、フィンランドにおける主要な決済サービスの一覧。デンマークでは後発のDankortがユーザーの囲い込みを始めている

> 北欧では、日本円で数十円相当の少額でもカードが使えます。有料トイレの利用料金もキャッシュレス、という場所もあるほどキャッシュレスが浸透しています。

# ● 現金残高が減り続けるスウェーデン

世界で最もキャッシュレス化が進んでいるのがスウェーデンです。スウェーデンは世界ではじめて現在の形の紙幣を流通させた国ですが、世界ではじめて紙幣を廃止する国になるかもしれません。

図表13-2 の点線はスウェーデンの現金残高、実線はそのうち最高額面の1,000クローナ札の残高です。現金残高は2018年に500クローナ札が多く出回ったことで一時的に増加していますが、2019年には再び減少傾向に戻っています。現金残高の実額がはっきり低下している国は世界でもスウェーデンしかなく、いまのペースだと2023年には現金がほとんどゼロになります。現金がどんどん減っている現状を受けて、スウェーデンの中央銀行リクスバンクは電子通貨「e-krona」の研究を始めています（レッスン35）。

▶ **スウェーデンの現金残高** 図表13-2

単位：億クローナ

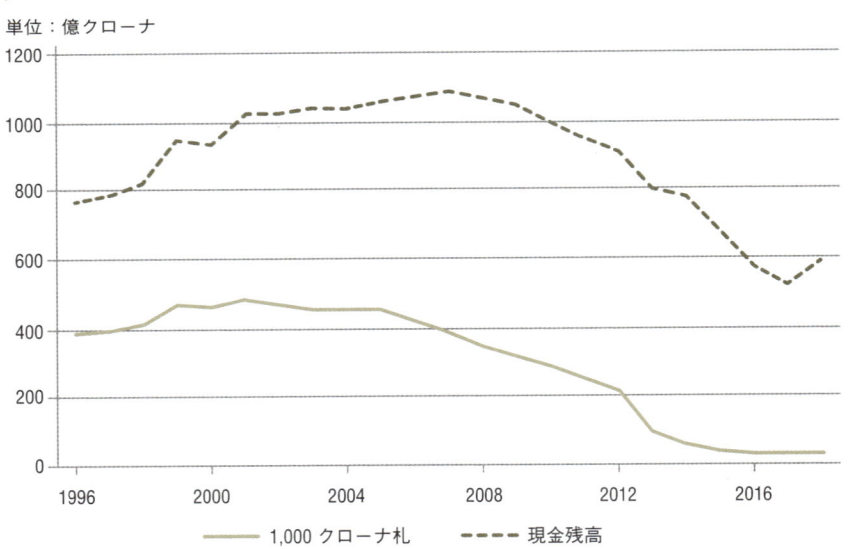

出所：リクスバンクより

スウェーデンの現金残高は2018年に一時的に増加するも、減少傾向にある

> レッスン7の「ワンポイント」では、日本は古い紙幣が有効だと紹介しましたが、北欧では新しい紙幣が出ると古い紙幣が無効になります。古い紙幣を交換するために銀行に行く必要がありますが、一部は預金されることから現金残高の低下に役立ちます。

# ◯ 現金を必要とする人たちもいる

2012年に登場したSwishのユーザーはスウェーデン人口の70%に達しようとしています。2年に一度実施されるアンケートでは、2018年にSwishが現金支払いを逆転しました（図表13-3）。プラスチックカードのデビットカードの利用も多いことから、特に都市部では現金がなくても困ることはありません。

スウェーデンでは現金払いに対応していない施設も多く、先のアンケートでは、現金での支払いを断られた経験を持つ人が53%もいました。2014年時点の30%から比べると、4年間で大きく増えています。現金払いが拒否されるのは商業施設だけではありません。大手銀行のSEB（スカンジナビア・エンスキルダ銀行）では120近くある支店のうち、現金を窓口で扱う支店は10店舗もないそうです。また、首都のストックホルムの公共交通機関では現金は使えません。このように、大都市を中心に現金お断りの施設が増えています。

一方で現金を必要とする人々もいます。スマホ操作に慣れていない高齢者などにとっては現金が欠かせません。また低所得の人はスマートフォンが買えないということもあるでしょう。現金の喜捨に頼って生活しているホームレスにとっても現金は不可欠です。

若い世代の人々も「自分たちは現金を使わないけど、現金はなくさないほうがよい」と考えていて、Bankomat社が2018年に行ったアンケートでは、20代でも56%の人が現金を残すべきだと答えています。

## ▶ アンケート：過去1か月に使った支払い手段は？ 図表13-3

|  | 2010年 | 2018年 |
|---|---|---|
| 現金 | 94% | 61% |
| デビットカード | 91% | 93% |
| クレジットカード | 27% | 31% |
| Swish | ― | 62% |

注：2010年にはSwishが登場していないため「-」になっている
出所：リクスバンクより

スウェーデン人口における過去1か月に使った支払い手段の割合。8年前と比べて現金が大きく下がり、デビットカードとクレジットカードは微増。また、Swishの存在感が大きい

「キャッシュレス化は進んでいるけれども現金のない社会は行きすぎだ」というのがスウェーデン社会の総意のようです。

# キャッシュレスが進まない国

このレッスンの
ポイント

「欧米ではキャッシュレス化が進んでいる」という表現は間違いとはいえないのですが、ヨーロッパ各国の状況をよく見てみると、キャッシュレス化が進んでいない国も見つかります。その原因を探ってみましょう。

## ○ キャッシュレスは北高南低

ヨーロッパを南に行けば行くほどキャッシュレス度が下がります。理由の1つに、南欧では給与を現金で受け取っている割合が高いということがあります。現金で受け取れば、現金で支払うのは自然な流れです（図表14-1）。

南欧や東欧の個人商店では「現金払いならおまけする」といわれることがあります。現金の取引だと記録が残らず、日本の消費税に相当する付加価値税（VAT）を脱税できるため、そのぶん割り引いてくれるというわけです。たとえばVATが22%の国で、現金払いの客に定価から10%引きで売れば、12%分だけ利益を得ることができます。帳簿上は盗まれたか紛失したことにしておけば、税務当局の追跡はほぼ不可能です。これは現金の匿名性が悪用される一例です。

▶ **現金給与受取率** 図表14-1

ギリシャ
57%

イタリア
20%

キプロス
30%

マルタ
15%

スペイン
21%

ポルトガル
11%

出所：Henk Esselink, Lola Hernández, The use of cash by households in the euro area, ECB Occasional Paper Series, No.201, Nov. 2017.

南欧では、給与が現金支給というケースがまだまだ多い

# ◯ キャッシュレス化が進まないドイツ

ドイツはヨーロッパで最大の経済大国ですが、統計上はキャッシュレス化が遅れている国でもあります。製造業が重要な役割を果たす経済大国で、人口も多い点などは日本と似ており、キャッシュレス化が進んでいない点でも似ています。

欧州中央銀行の調査では、ドイツでは店舗での買い物の80%が現金で行われており、これはキャッシュレス比率が20%といわれている日本と同じ数字です。

一方、ドイツ人の98%はデビットカードを持っており、クレジットカードも36%の人が保有しています。ドイツ人は銀行振り込みで給与を受け取っており、平均的にはATMから年間42回、合計7,300ユーロを引き出し、財布の中には101ユーロ分の紙幣と6ユーロ分の硬貨が入っています（出所：Deutsche Bundesbank, Payment behaviour in Germany in 2017）。ドイツ人はわざわざ現金を下ろして使っているわけです。

ドイツでは、キャッシュレス支払いができないところが多いという背景があります（**図表14-2**）。たとえばカフェなどは、現金のみというところがまだ多く残っています。公共交通機関の券売機は2018年頃から徐々にカードを受け付けるようになってきていますが、習慣からか現金で支払っている人を多く見かけるのもドイツの特徴です。

### ▶ ドイツ人の支払い事情 **図表14-2**

| | 現金 | カード | その他 |
|---|---|---|---|
| 個人間の受け渡し・寄付 | 93% | 1% | 6% |
| レストラン・カフェ等 | 80% | 17% | 3% |
| 自動販売機・券売機 | 77% | 20% | 3% |
| 薬局 | 71% | 22% | 7% |
| 日用品買い物 | 61% | 36% | 3% |
| ガソリンスタンド | 26% | 70% | 4% |
| ホテル | 4% | 60% | 36% |
| オンラインショッピング | 0% | 18% | 82% |

出所：Deutsche Bundesbank, Payment behaviour in Germany in 2017, p.31.
日常的な支払いの多くが現金で行われている

「使える場所を増やす」ことがドイツで最も重要なキャッシュレス普及策だといえます。

# 15 ［海外事例：アメリカ］
# アメリカのキャッシュレスにおける可能性と課題を知る

**このレッスンの
ポイント**

アメリカは<u>クレジットカード大国</u>ですが、クレジットカードを持つためには審査があり、審査に通らない人もたくさんいます。キャッシュレス化の進展が見られる一方で、現金の重要性も指摘されています。

## ○ 多様性の国、アメリカ

アメリカではクレジットカードが普及しています。かつてはクレジットカードの番号を盗み見られる被害が多かったため、<u>カード番号を直接相手に教えなくても決済できるPayPal（ペイパル）のようなサービスが普及しました。</u>

デビットカードも使われていますが、ヨーロッパのようなモバイルペイメントの普及は遅れています。これにはクレジットカードが普及していたことや、即時引き落としに対応できる決済システムがな

かったことが影響していました。しかしこの点は徐々に改善されており、今後はモバイルペイメントも広がると見られています。

キャッシュレスへの取り組みが進む一方で、低所得者、黒人やヒスパニックの人々を中心に、<u>銀行口座がない人、あるいは銀行口座はあるものの使っていない人も一定数います。</u>そしてこのような人々の決済手段は主に現金となります。

クレジットカードやデビットカードのコンタクトレス決済は重要なのですが、アメリカでは端末の導入が遅れており、コンタクトレス決済の普及が課題となっています。

# ○ クレジットカードがより便利に

アメリカでは 図表15-1 のようなクレジットカード会社があり、日本を含め世界中で活動しています。クレジットカードは現金がなくても買い物できる便利な道具ですが、かつてはカード番号だけで支払いができたため、カード番号を盗み取られ、知らないところで勝手に使われてしまうという問題がありました。従来のカードでは、番号が浮き出すように作られており、カードに薄い紙を重ねて鉛筆でなぞるだけでカード番号がコピーできてしまいます。そこで、カード番号を直接伝えずに買い物ができるようなサービスが発達しました。

その代表格がPayPalです。これは簡単にいうとクレジットカードの番号を隠すサービスで、ユーザーがPayPalにカードを登録すると、PayPal番号をもらえます。PayPalが使える場所ではクレジットカード番号ではなくPayPal番号で買い物ができるのです。アメリカで「ペイ事業者」といえば、PayPalのほか、Apple Pay、Android Pay、Amazon Payなど、クレジットカードの紐づけサービスを指します。自社のサービスで使えば割引などの特典があるため、顧客の囲い込み競争も激しい分野です。

## ▶ アメリカのクレジットカード会社とカードの種類 図表15-1

|  | Visa | MasterCard | American Express |
|---|---|---|---|
| 支払額 | 7兆5,650億ドル | 3兆8,140億ドル | 1兆710億ドル |
| 支払い回数 | 1,700億回 | 870億回 | 80億回 |
| カード発行枚数 | 32.4億枚 | 18.3億枚 | 1.1億枚 |

出所：Visa 2018 Annual Report, p.28.
日本でもふつうに使われているカード会社であり、その規模も大きい

カードの支払い情報はインターネット上を流れるため、途中で読み取られないように暗号化する必要があります。くわしくはレッスン 46 で解説します。

## ◯ アメリカで広がりつつあるモバイルペイメント

昨今はアメリカでもモバイルペイメントが広がりつつあり、2大アプリが人気を博しています（図表15-2）。たとえばVenmo（ベンモ）。これは割り勘アプリとして大学生などに人気があるサービスで、スマートフォンにアプリをダウンロードして、銀行口座や電話番号などを登録します。支払いのための紐づけは銀行口座でもクレジットカードでも構いません。銀行口座に紐づけておくと個人間送金の手数料がゼロになるため（クレジットカードの場合は3%）、銀行口座での利用がお得です。

そして2017年にサービスを開始したZelle（ゼル）も急速にユーザーを伸ばしています。Bank of Americaなど銀行が集まって始めたサービスで、スマホの専用アプリに加えて、銀行のWebページにアクセスして使えます。振り込み額には上限があるものの手数料は無料、Venmoのように割り勘にも使えることも普及している要素の1つです。Zelleでは携帯電話番号かメールアドレスで送金が可能なため、送金を受ける際に自分の銀行口座番号を相手に教える必要がありません。

▶ アメリカの2大モバイルペイメントアプリ 図表15-2

**Venmo**
サービス開始：2009 年
サービス主体：PayPal
送金額：210 億ドル
https://venmo.com/

**Zelle**
サービス開始：2017 年
サービス主体：
　Early Warning Services
送金額：390 億ドル
https://www.zellepay.com/

VenmoはPayPalが運用しているサービスで歴史も古い。Zelleは2017年にスタートし、急速にユーザーを伸ばしている

注：送金額は2019 年第 1 四半期

## ◯ モバイルペイメントを支えるFRB

2019年8月にアメリカの中央銀行に当たるFRB（アメリカ連邦準備制度理事会）が、「FedNow」というサービスの開発を公表しました。個人や中小企業が1回当たり2万5,000ドル以下の銀行振り込みをする際に使えるシステムで、リアルタイムの振り込みを可能とします。これにより個人間だけでなく、個人と企業、企業間の送金も24時間365日リアルタイムで実行できるようになります。FedNowは2023年または2024年にサービスを開始する予定とのことですが、モバイルペイメント関連の新しい企業やアプリが誕生し、この分野のサービスが盛り上がりそうです。

個人間送金という使い方が、海外では普及のポイントとなっています。

# ⭕ アメリカが抱えるキャッシュレス化への課題と期待

アメリカでは最近、<u>キャッシュレス禁止法案</u>が提出されています。サンフランシスコ市、フィラデルフィア市、そしてニュージャージー州などでは「店舗による現金お断り」が禁止され、現金での受け取りが義務づけられました。この背景には、移民や低所得者など銀行口座やクレジットカードを持てない人々が数多くいることが挙げられます。

FDIC（連邦預金保険公社）によると、2017年時点でアメリカの全家計の6.5%が銀行口座を保有しておらず（このような人々を「unbanked」といいます）、口座を持っていても銀行のサービスを利用していない家計（「underbanked」といいます）が18.7%います。特に年収1万5,000ドル未満の世帯では、46.6%が銀行を活用できていません（**図表15-3**）。こうした銀行を使わない層が多いのは「口座に充分な金額を維持できない」「銀行の手数料が高すぎる」「身分証がなく口座が開けない」といった理由があります。

unbankedの人々はアメリカ全体で840万世帯に及びます。キャッシュレスを普及するためには、これらの人々にも配慮する必要があります。そこで、New Storeなどの小売店では「Gift Card」と呼ばれるプリペイドカードを活用しています。現金しか持たない人のために店内にチャージ機が置いてあり、プリペイドカードにチャージしてから店内でキャッシュレスの買い物ができる仕組みです。

## ▶ 銀行が使えない世帯の割合 **図表15-3**

| | unbanked | underbanked |
|---|---|---|
| 年収1万5,000ドル未満 | 25.7% | 20.9% |
| 年収1万5,000〜3万ドル | 12.3% | 22.4% |
| 黒人世帯 | 16.9% | 30.4% |
| ヒスパニック世帯 | 14.0% | 28.9% |
| 障碍者の世帯 | 18.1% | 24.7% |

出所：FDIC (2018), FDIC National Survey of Unbanked and Underbanked Households
unbanked、underbankedの人々は、低所得などに偏っている

新しい技術で人々の金融面での改善を図ることを「金融包摂（ほうせつ）」といいます。キャッシュレス化は金融包摂にも役立ちます。くわしくはレッスン 21 と 22 で解説します。

# 16

[海外事例：中国]

# 中国に学ぶキャッシュレス化への取り組み

**このレッスンの
ポイント**

中国はもともと現金社会でしたが、21世紀になって急速にキャッシュレス化が進みました。中国におけるキャッシュレス化の事例は、「人口の多さがキャッシュレス化の障害になる」という俗説を打ち破りました。

## ⬤ 世界で使える銀聯カード

中国のキャッシュレスを語るときに外せないのが、2002年にサービスが始まった銀聯カード（Union Pay）です。中国の銀行で口座を開くと、デビットカードに銀聯マークがつきます。

残念ながら信頼できる統計がなく国際比較はできませんが、174か国、5,500万店舗、290万台のATMで使える世界最大の規模を誇るカードです。たとえばアフリカのケニアでは、地元のSBM銀行と提携を結んでUnion Payブランドのデビットカードやプリペイドカードを展開しています。プリペイドカードには給与をチャージすることもでき、カードはオンラインショッピングでも使えます。

日本でも銀聯カードが使える場所がどんどん増えており、このあと紹介する中国2大ペイと合わせて、世界中で中国人の買い物を支えています。

世界銀行の調査によれば、長い間現金主義といわれていた中国でも銀行口座の保有率が80%に達しています。今後は地方での口座保有率の上昇が見込まれています。

## ● 中国の2大ペイを知る

「中国の2大ペイ」と呼ばれる「Alipay」（アリペイ）と「WeChat Pay」（ウィーチャットペイ）（図表16-1）。前者はアリババ（阿里巴巴集団）、後者はテンセント（騰訊控股）が運営しています。もともとアリババはECサイト大手、テンセントはゲーム開発が事業の柱でしたが、中国の2大決済サービスに成長しました。基本的には中国国内に銀行口座を持っている中国人向けのサービスですが、日本人でもアプリをインストールできます。どちらも紐づけした銀行口座やクレジットカードからチャージをして使います。

### ▶ AlipayとWeChat Payの基本情報 図表16-1

 **Alipay**
サービス開始：2004年
サービス主体：
アント・フィナンシャル

 微信支付 WeChat Pay
WeChat Pay サービス開始：2013年
サービス主体：テンセント

いずれもVISAやMaster Cardなどのクレジットカードと紐づけられる

## ● 付加サービスも人気の秘訣

Alipayはアリババ傘下のアント・フィナンシャルが展開しています。アリババが展開するECサイトなどで使え、Alipayにチャージした電子マネーには金利がつくという特徴があります。「ゴマ信用」という、個人に信用スコアをつけるサービスもよく利用されています。信用履歴、行動傾向、履行能力、経歴の特性、人間関係の5分野からスコアを350〜950点で評価し、スコアが高ければ空港などでの無料Wi-Fi、ホテルやレンタカーのデポジット免除などの特典が与えられます。

WeChat Payは「赤い封筒」というサービスでユーザーをつかみました。いわゆる「お年玉のポチ袋」のサービスですが、送った人も受け取った人も開けてみるまで金額がわからず、たとえ金額が低くてもそれはアプリのせいで、人間関係にヒビが入りません。このような遊び心もユーザーを獲得するためには必要です。

中国でインターネットに接続しているのは2017年末時点で約7億7,000万人にとどまり、まだ6億人以上の人々は利用していません。中国市場にはまだまだ開拓の余地があります。

# 17

**［海外事例：韓国］**

# クレジットカード王国、韓国におけるキャッシュレス

このレッスンの
ポイント

韓国は非常にキャッシュレス化が進んでいる国です。その背景には政府の強力な政策がありました。しかし急激なキャッシュレス化には負の側面もありました。韓国の事例から、キャッシュレス化の課題を学びましょう。

## ● キャッシュレス支払いは日本の10倍

韓国ではクレジットカードの利用が非常に多く、1人当たり年間500回行うキャッシュレス支払いのうち、大部分がクレジットカードです。ちなみに、日本はクレジットカードの利用は年平均57回なので、韓国人は日本人の10倍近くカードを利用していることになります。カードの保有枚数は日本と同じくらいで、韓国人は手元のカードをしっかり使っているという

ことがわかります。

BCカード、新韓カード、ロッテカードなどのクレジットカードのほかに、2014年にスタートした「KakaoPay」（カカオペイ）や2015年にスタートした「Naver Pay」（ネイバーペイ）、「Samsung Pay」（サムソンペイ）などが利用されています **図表17-1**。これらのサービスは、クレジットカードのほか、銀行口座にも紐づけられます。

### ▶ KakaoPayなどの基本情報 図表17-1

**💬 pay**

**KakaoPay**
サービス開始：2014 年
サービス主体：kakaopay corp.

**N Pay**

**Naver Pay**
サービス開始：2015 年
サービス主体：Naver Corporation

Naver PayはLINE Payと提携し、日本でも使えるようになった

韓国も 20 世紀には日本と同じ現金社会でした。韓国は政府のキャッシュレス促進策により、急激に人々の行動が変わった例として知られています。

## ● キャッシュレス払いのインセンティブ

1997年のアジア通貨危機後、経済振興や徴税強化を目的に、韓国政府はキャッシュレス化を強力に推し進めてきました。店舗にはカード払いを拒否できないようにし、消費者側にはカード払いの特典をつけました。カード払いで宝くじに参加できるというものもありましたが、カード払いをした金額を所得控除できることが強力なインセンティブになりました。

現在は、クレジットカード払いで15%、デビットカード払いで30%が所得控除になります。年間で100万ウォンをクレジットカードで払えば、最大15万ウォンを所得控除でき、その分だけ所得税が節約できます。人々は少額であってもクレジットカードを使おうとするわけです。近年はクレジットカードよりもデビットカードのほうが伸びています。

2018年12月には、韓国政府は「Zero Pay」を導入しました（図表17-2）。これはQRコードを使うシステムで、消費者には40%の所得控除があり、店舗側の決済手数料も年間8億ウォンまで無料になります。しかし2019年に始まったソウル市での実証実験の結果はよくないようです。最大の原因は使い勝手の悪さです。ユーザーは銀行のアプリを立ち上げてログインし、QRコードを読み取ったあとに金額を入力しなければなりません。この使い勝手が改善されないと爆発的な普及は難しいでしょう。しかし、韓国は消費者の利用を促す段階から店側の負担を減らす新しい段階に移りつつあるといえます。

▶ **Zero Payのインセンティブ** 図表17-2

 所得控除！ 消費者

 決済手数料が無料！

 店舗

韓国政府が導入したZero Payは、消費者と店舗双方にインセンティブがある

## ● ひずみも発生

韓国では、2003年にカード危機が発生しました。野放図なカード発行と利用のせいで、クレジットカード代金が支払い不能になった人が370万人を超えたのです。これは、当時の韓国の成人人口の10.6%に相当します。

クレジットカードはポストペイ方式であり、支払い時点でお金がなくても決済できてしまいます。現在世界中でポストペイが人気を博していますが、韓国の前例はあまり知られておらず、キャッシュレス化の1つの問題点になっています。カード危機は、金融リテラシー教育の重要性を示唆しています。

# 世界の新興勢力、アジアと中南米のキャッシュレス

このレッスンの
ポイント

ここでは、アジアと南米に目を向けてみましょう。これらの地域では、国によって使われているサービスが異なります。アジアでは配車サービス企業などが提供する電子マネーが普及し、中南米ではバーコードを使った支払いが人気です。

## ● 成長するアジアのキャッシュレス

アジアでは自国のサービスだけでなく、中国や日本などからも決済サービスが進出しています。各国ともサービスが乱立している状態で、1〜2つのサービスに収斂するまで時間がかかりそうです（図表18-1）。

たとえばインドネシアの電子マネーサービス「GoPay」はGO-JEK（ゴジェック）、「OVO」はGrab（グラブ）という配車サービス企業が展開しています。どちらも

チャージして使う電子マネーですが、GoPayはOVOからもチャージできます。シンガポールでは政府主導でQRコードの規格が統一されており、店舗側の利便性が高まっています。「NETS」というQRコードを使う電子マネーのほかに、大手銀行が展開している「PayLah!」（DBS Bank）、「Pay Anyone」（OCBC Bank）、「Mighty」（UOB）などがあります。

▶ **アジア各国で利用できる主なサービス** 図表18-1

| 国 | サービス |
|---|---|
| マレーシア | Vcash、Alipay、WeChat Pay、Samsung Pay |
| インドネシア | OVO, GoPay |
| タイ | LINE Pay、PayPal、PromptPay |
| シンガポール | PayLah!, Pay Anyone, UOB Mighty、NETS |
| インド | RuPay、Paytm、Airtel |

アジアでは、各国で独自のサービスのほか、中国のAlipayや韓国のSamsung Pay、アメリカのPayPalなどさまざまなサービスが展開している

## ⬤ 中南米のサービス

メキシコでは人口の61％（およそ7,500万人）が銀行口座を持っていません。そこで、銀行口座がなくても使えるバーコード式のバウチャーが使われています。よく使われているのがコンビニチェーンのOXXO（オクソ）が発行している「OXXO Pay」です。OXXOで買い物をすると、3〜7日後にバーコードが届きます。このバーコードをコンビニのOXXOに持って行って、レジで支払いを済ませるというのが基本的な使い方です。OXXOのレジでは現金でも支払えます（図表18-2）。利用料金を後で現金で振り込むことをイメージすればよいでしょう。

ブラジルでも人口の18％（およそ5,500万人）が銀行口座を持っていません。メキシコと同じように、バーコード支払サービスが1993年に始まり、いまでも続いています。「Boleto Bancário」というサービスで、メキシコのOXXO Payと同じように買い物をすると企業からバーコードが届きます。そのバーコードを持って、街中のATMや郵便局、宝くじ売り場、一部のスーパーなどで支払えるという仕組みです。オンライン銀行の口座を持っていれば、スマートフォンやパソコンでオンライン銀行にログインして支払うこともできます。

メキシコやブラジルなど南米ではオンラインショッピングが急速に普及しつつあります。しかし、スマートフォンを持っていても銀行口座やクレジットカードがない人が多くいます。そのため銀行口座がなくてもオンラインショッピングを利用できる仕組みが普及しました。

### ▶ OXXOの使い方 図表18-2

① 買い物をする　　② OXXO からバーコードが届く　　③ レジで精算

消費者　　　　　　　　　　消費者　OXXOの店舗

利用料金を後日現金で支払うイメージ

日本でも公共料金や通販の支払いでバーコードのついた払込票を受け取ってコンビニで支払うことがありますが、**OXXO** はこれと同じ仕組みです。

# Lesson 19

[海外事例：アフリカ諸国]

# アフリカのキャッシュレス比率

**このレッスンの
ポイント**

多くのアフリカ諸国では電気や水道などのインフラが圧倒的に不足しています。しかし、携帯電話やスマートフォンの普及率は高く、通信企業が電子マネーを提供していることから、<u>キャッシュレス比率が高い</u>という特徴があります。

## ◯ 銀行よりも携帯電話

アフリカの中には、南アフリカのような先進国に近づいている国もありますが、多くは水道など生活に必要なインフラが不足しています。しかし、非常に安価な携帯電話やスマートフォンが普及しており、一家に1台レベルに近づいています。ただ、<u>銀行口座を持つことが難しいため、</u>支払い手段としてはスマートフォンやいわゆるガラケーを使った電子マネーが普及しています（**図表19-1**）。MTN（南アフリカ）、Safaricom（ケニア）、Maroc（モロッコ）などの通信事業者が電子マネーを展開しています。

▶ **アフリカのキャッシュレス比較（2017年）** 図表19-1

| 国 | 携帯電話普及率 | 銀行口座保有率 | モバイル支払い率 | 現金支払い率 |
|---|---|---|---|---|
| ウガンダ | 64% | 9% | 47% | 3% |
| ガーナ | 67% | 19% | 35% | 2% |
| ケニア | 86% | 9% | 72% | 1% |
| 南アフリカ | 79% | 50% | 21% | 6% |
| ガボン | 81% | 10% | 44% | 5% |
| （参考）日本 | 89% | 98% | 33% | 0% |

注：現金支払い率は、現金しか支払い手段がない人の割合
出所：世界銀行、Global Findex Database.
日本と比較しても全体的にモバイル支払い率が高いのが読み取れる

## ● キャッシュレス化が進むアフリカ

アフリカにはオンラインの旅行会社がたくさんあり、キャッシュレス支払いも受け付けています。光熱費など身近な支払いもキャッシュレスが可能です。ルワンダでは、バスの運賃もキャッシュレス化しており、日本と同じようにあらかじめ料金をチャージしたカードを読み取り機にかざします。チャージ機はバス停に置かれています。

現金支払いによる運航の遅延を防ぎ、強盗などの被害から運転手を守るという役割もキャッシュレスには期待できます。

### ▶ アフリカの主なキャッシュレスサービス 図表19-2

**Paylater**
国：ナイジェリア
サービス開始：2016 年
サービス主体：One Finance

**MTN Money**
国：南アフリカなど 15 か国
サービス開始：2009 年
サービス主体：MTN

**M-Pesa**
国：ケニアなど 10 か国
サービス開始：2007 年
サービス主体：Safaricom

**Tigo Pesa**
国：タンザニア
サービス開始：2014 年
サービス主体：Millicom

## ● 乱立問題への対策を始めたアフリカ

ケニアやウガンダなど東部の国々がキャッシュレス化で先行していますが、徐々にアフリカ全域に広がりつつあります。たとえばナイジェリアのローン会社が始めた「Paylater」など、送金だけでなく貸し付けも受けられるサービスもあります。携帯通信事業者業界団体であるGSMAによると、2018年時点のサブサハラ地域では45.6%の人々が電子マネーを利用しています。アフリカ各国で各種の電子マネーが乱立しており、現金から電子マネーにチャージする、電子マネーを現金に戻す、という取引が70%近くを占めています。さまざまな電子マネーが共通のプラットフォームに乗るようになれば、乱立問題への対策になります。その一例として、GSMA、MTN、オレンジが2018年に始めた「Mowali」は、電子マネーの相互送金を試みており、すでにサブサハラの22か国で利用できるようになっています。

> 異なる電子マネー間の送金問題は、A2A（Account-to-account）interoperability といいます。

# 20

## ［海外事例：ケニア］
# キャッシュレス指数世界一のケニア

**このレッスンのポイント**

レッスン5で見たキャッシュレス指数では、北欧や中国を押さえてケニアが第1位でした。このレッスンでは、ケニアのスコアが高い理由をポジティブな面とネガティブな面から見ていきましょう。

## ○ どうしてケニアが1位なのか

まずはネガティブな要因から見てみましょう。ケニアでは人口10万人当たりのATM台数が日本の50分の1しかなく、現金が十分に行き渡っていません。実は多くのケニア人はATMを増やしてほしいと思っています。「キャッシュレス化が進んでいる」というよりも、「キャッシュ化が進んでいない」というほうが妥当でしょう。

一方ポジティブな面では、M-Pesaなどの電子マネーが普及しており、銀行口座がなくても電子マネーの送受信ができます。実際に、給与をモバイルマネーで受け取っている人の割合が33%と、かなり高いのが特徴です（日本は0%）。また、最高額面の1,000シェケル札は20ドル分の価値しかなく、高額商品を買うためにたくさんの紙幣が必要になることもキャッシュレス化に寄与しているといえます。

---

### 👍ワンポイント PPP為替レートを利用する

本文では、1,000シェケル札は20ドル（アメリカドル）分の価値があるとしていますが、2019年夏の為替レートでは1,000シェケルは約10ドルです。この差はどこから来たのかというと、アメリカよりもケニアのほうが物価が低いことが原因です。たとえば、ケニアの1,000シェケルでオレンジジュースが5本買えたとして、アメリカではオレンジジュース5本は20ドルに相当すると、1,000シェケルと20ドルが同じ価値があるとみなせます。このように、物価の差を考慮して為替レートを換算したものを「PPP為替レート」（購買力平価為替レート）といい、先進国と途上国の暮らしを比較するのに使われます。

## ⚫ M-Pesaがキラーアプリに

ケニアではモバイル普及率が人口比で100%を超えています。なかでもケニアの通信大手Safaricomは62.4%のシェアを持っており、Safaricomが2007年に開始したモバイル送金サービスM-Pesaは、2019年3月時点で2,607万人のアクティブユーザー数を誇っています。競合であるAirtel（408万人）、Equitel（172万人）、T-kash（10万人）を大きく引き離しており、ケニアの人口が約5,000万人であることからもその規模の大きさがわかるでしょう。

M-PesaはSafaricomのSIMカードをデバイスに差して、口座を開くと使えます。キオスクなどで現金を預けると、M-Pesa口座にチャージされ、SMSで残高メッセージが届きます。銀行口座に紐づけしてチャージしたり戻したりもできます。

ケニアなど途上国では交通事情が悪いのですが、それでもECサイトは利用されており、Safaricomが運営しているMasoko（**図表20-1**）というECサイトでもM-Pesaが使えます。全国47郡のうち45郡に商品が配達され、地方からでも利用できる利便性が受け入れられています。

ケニアのイメージはサバンナだと思います。地方ではインフラが不足していますが、携帯電話は画用紙くらいの大きさのミニ太陽光パネルでも充電できます。地方ではインフラが整っていないからキャッシュレス化できない、というのは間違いだということがわかります。

### ▶ SafaricomのECサイト、Masoko 図表20-1

ケニアのM-Pesaは、Safaricomが運営するECサイトMasokoなどでも利用できる

M-Pesaでの利用が前提のケニアのECサイト「Masoko」
https://www.masoko.com/

---

### 👍 ワンポイント　M-Pesaの手数料は高い

実はM-Pesaの手数料はかなり高額です。たとえばほかのM-Pesaユーザーへの送金額が501〜1,000シェケルの場合、49シェケルの手数料がかかります。手数料率は4.9%〜9.8%に相当します。そ

れでも「キャッシュ化」が進んでいないケニアでM-Pesaは重宝されています。今後は競争により手数料の引き下げが進んでいくでしょう。

# 21

## ［社会問題としてのキャッシュレス］

# キャッシュレスは社会の分断につながるか

**このレッスンの
ポイント**

> キャッシュレスな支払い手段を使うには、**銀行口座、クレジットカード、スマートフォンなどが必要になります。先進国であってもキャッシュレスが使えない人々はたくさんいます。**

## ◯ 「キャッシュレス」レス

ここまで読み進めてきて、キャッシュレスは社会問題でもあるということにお気づきでしょう。先進的なサービスが次々に生まれて、私たちの生活はより便利になっています。一方で、キャッシュレスに参加できない人は途上国だけでなく先進国にも大勢います。

参加したい人だけがキャッシュレスに参加するのであれば、問題はありません。しかし、現金お断りの店が増えたり、ATMが減少したりすると、生活に支障が出る人々が出てきます。私たちの社会に

はさまざまな事情を抱えた人が共存しています。

キャッシュレスを活用して金融取引ができるようになることを「金融包摂」（financial inclusion）、キャッシュレス化に対応できずに金融取引ができなくなることを「金融疎外」（financial exclusion）といいます。支払いというのは私たちの経済活動を支える最も基本的なツールです。「取り残される人」が出ないような仕組みを考える必要があります。

> 現金しか使えない人にとっては、現金お断りの店は入店禁止と同じ意味を持ちます。現金OKの店をあちこち探す必要があり、生活の質が大きく低下します。

## ○ 年齢の問題ではない

2019年3月にイギリスの「Access to Cash Review」が公表したレポートでは、何も対策を打たずにキャッシュレス化を進めると、800万人が取り残されるとされています。イギリスの人口は約6,700万人なので、12%（成人人口でみると17%）に問題が生じることになります。アメリカの問題はレッスン15で見ましたが、経済的な問題を抱えている人はイギリスにも多くいるのです（図表21-1）。

レポートでは、よく思われている「キャッシュレス化に対応できないのは高齢者」というのは間違いであることが示されています。日本でもキャッシュレスを使いこなしている高齢者は多くいますし、若年層にも現金主義の人はいます。レポートでは、キャッシュレス格差を生み出す原因は所得格差にあると主張しています。同じレポートの図表21-2 からもわかるように、インターネットが使えないという人々や、障碍などによりキャッシュレスに移行できない人々はキャッシュレス化により社会生活を営むことが難しくなり、「金融疎外」されてしまいます。

### ▶ イギリスでの金融疎外 図表21-1

**現金しか使えない人**

 220万人

**銀行口座がない人**

 130万人

**金融面での問題を抱えている人**

 410万人

出所：データは「Access to Cash Review, Final Report, March 2019」より
キャッシュレス化に取り残される人は、合計800万人近くになる

### ▶ なぜ現金を使うのか 図表21-2

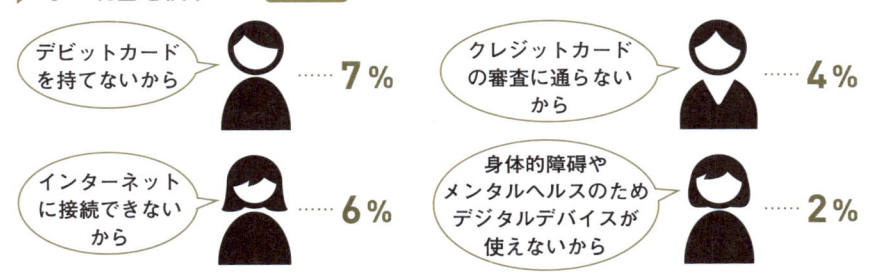

デビットカードを持てないから …… 7%

クレジットカードの審査に通らないから …… 4%

インターネットに接続できないから …… 6%

身体的障碍やメンタルヘルスのためデジタルデバイスが使えないから …… 2%

出所：データは「Access to Cash Review, Final Report, March 2019」より
キャッシュレスに移行できない人々と格差が広がる

## ◯ 現金はコミュニケーションツール

イギリスのレポートでは、なぜ人々が現金を持つのかを聞いています（図表21-3）。さまざまな答えがある中で、55%の人が「安心するから」、14%の人が「家族や友人とのやりとりに便利だから」と答えています。「コーヒー代をちょっと貸して」「昨日借りたコーヒー代を返すね」というようなやりとりをみると、現金の受け渡しとともにコミュニケーションが発生していることがわかります。デジタルよりもアナログのほうが「渡した」という実感があるのでしょう。

子供にはじめて小遣いを渡すとき、進学や結婚などのお祝いを渡すときなどの場面では、形があるものを手渡しするほうが印象に残ります。子供に現金を手渡すことは金融教育のきっかけにもなります。専門家の間でも、「現金は単なる支払い手段である」という認識は変わりつつあります。IMF（国際通貨基金）が2019年7月に公表したキャッシュレス手段に関するレポート（Fintech Note No.1）でも、数行ですが「支払いがコミュニケーションの側面を持っている」ことを指摘しています。

▶ **現金を持つ理由（複数回答）** 図表21-3

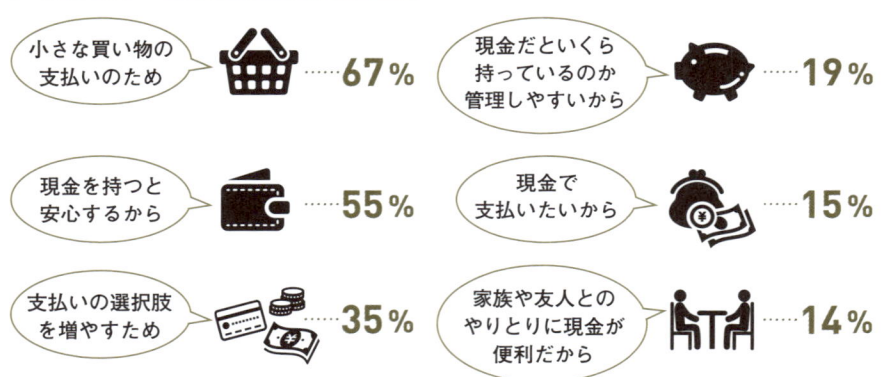

| | |
|---|---|
| 小さな買い物の支払いのため | 67% |
| 現金だといくら持っているのか管理しやすいから | 19% |
| 現金を持つと安心するから | 55% |
| 現金で支払いたいから | 15% |
| 支払いの選択肢を増やすため | 35% |
| 家族や友人とのやりとりに現金が便利だから | 14% |

出所：データは「Access to Cash Review, Final Report, March 2019」より
直接的な支払いに関する利便性以外に、気持ちの面で現金を使いたい人が多いことがわかる

> レッスン1ではキャッシュレスとコミュニケーションの関係を見ました。もともと現金が持っているコミュニケーション機能をキャッシュレスでも活かそうという工夫は、世界の決済サービスでも取り入れられています。

## ⭕ 社会の変化に問題はつきもの

キャッシュレス化が進むことによって、新たな問題が発生しています。新しい詐欺が登場して他人にカードを使われることもあります。これはどのような技術でも同じです。たとえば飛行機は登場から100年以上経っていますが、いまだに原因が特定できない事故が発生しています。「多くの問題があるからキャッシュレスはダメなんだ」という「けしからん族」は意味がありません。キャッシュレス化は否応なく進んでいくものです。私たちはどのようにキャッシュレス社会に対応すべきなのか、どのようなルールを制定すべきか、金融疎外を生み出さないためにはどうすべきか、などを幅広く議論すべきです。

イギリスやアメリカでの動きは、キャッシュレス化に対する抵抗ではなく、キャッシュレス化が社会全体に浸透しつつあり、さらに深い議論が必要な段階に達したということを意味しています。残念ながら日本でのキャッシュレス化は企業やメディアのお祭り騒ぎに終始しており、キャッシュレス化を社会の問題としてとらえる議論は本書しかないようです。

## ⭕ キャッシュレスは社会の分断を強調する

クレジットカードなどのキャッシュレスが使える人と使えない人は、社会の中でもともと分断されていました。しかし、現金を受け付ける店舗が多かったため、分断は覆い隠されていたのです。キャッシュレス化が進み、現金お断りの店が出て来ると、キャッシュレスが使える人と使えない人の分断がはっきり見えるようになりました。キャッシュレス化は社会を分断するのではなく、分断をはっきりと見えるようにするのです。私たちの社会にはどのような問題があるのか、それを解決するにはどのような方法があるのか、多くの人が関わることでよりよいキャッシュレス社会を作り出すことができるでしょう。

---

### 👍 ワンポイント 「安心」をいかに担保するか

これまで経験したことがない新しいものに対して人々は不安を抱きます。心臓にペースメーカーをつけることには不安を感じない人でも、手の甲にチップを埋め込んで家の鍵や支払いに使うことには不安を感じるものです。
最も重要なキーワードは「安心」です。

安心の中身には、理解しやすいこと、使いやすいことなどもありますが、セキュリティやプライバシーの問題も含まれています。現金はこれらの問題に対して万能ではありません。同じように、新しい手段も万能である必要はないのです。

[金融包摂の必要性]

# 22 SDGsとキャッシュレスの関係を考える

**このレッスンの
ポイント**

**SDGsは持続可能な開発目標のこと**です。環境に配慮しながら経済的に弱い立場にある人々を改善させることを目指しており、その中には送金や借り入れなどの金融サービスに人々がアクセスできるようにすることも含まれています。

## ○ SDGsの重要性

近年は、企業に対してESG（環境、社会、企業統治の改善）への対策が強く求められており、ESGスコアの低い企業の株価が下落する傾向にあります。そのような社会情勢の中で、SDGs（Sustainable Development Goals：エスディージーズ）も先進国の企業にとって無視することのできない重要なものとなっています。SDGsは、持続可能な社会を維持するために国連が策定した開発目標のことで、2030年までに達成させるべき17の目標で成り立っています（図表22-1）。　このSDGsはビジネスチャンスでもあります。日本では途上国を援助の対象として見る人が多いですが、途上国の低所得の人々を対象にしたビジネスを通じて、彼らの生活を向上させ、かつ、着実に収益を上げるという発想が必要です。また、日本人の援助は箱モノが多いですが、現地では良質なサービスが望まれており、その中にキャッシュレスや金融サービスが含まれています。

▶ **キャッシュレスと関連の深いSDGs項目** 図表22-1

| | |
|---|---|
| 目標1：貧困の撲滅 | 目標8：雇用増による経済成長 |
| 目標2：飢餓の撲滅・食の安全 | 目標9：イノベーションを中小企業にも |
| 目標5：男女平等 | 目標13：気候変動対策 |

出所：UNCDF, Igniting SDG Progress Through Digital Financial Inclusion
SDGsには、これら以外に「健康と福祉」「教育」「水、衛生」「エネルギー」などに関する目標が定められている

## ⬤ 国際送金が経済成長につながる

IFAD（国際農業開発基金）によると、出稼ぎ者は収入の15％を家族に送金しています。受け取り側の家族は支出の60％を仕送りに頼っており、受け取った額の25％を貯蓄に回しています。こうして貯蓄される金額は世界全体で年間1,000億ドルに上ると試算されています。このお金は保険、教育、小規模借入、家具購入、投資などに回ることになり、金融サービスだけでなく、多くの分野に恩恵がおよびます。

## ⬤ 難民キャンプにもビジネスチャンス

ケニアの難民キャンプには、「バンバチャクラ」というM-Pesa（レッスン20）の仕組みを使った難民支援の取り組みがあります。バンバチャクラとはスワヒリ語で「食べ物を探す」という意味だそうです。難民キャンプでの物資配布のイメージは、国連などのトラックから水などの物資のセットを手渡す感じでしょうか。ここでは、難民に安価な携帯電話を渡しておき、電子マネーを配布します。店に買いに来る形にすれば、トラックでの順番待ちもなくなり、必要なものだけを手に入れられます。さらに、近隣の商店でも買えるようにしておけば、難民キャンプと周辺地域の交流が生まれ、相互理解が深まり、雇用が生まれる可能性もあります。

難民の中には能力の高い人もいます。難民キャンプを援助の対象として見るだけではなく、人材プールとして、消費市場として見ることで、難民の生活水準の向上にも寄与し、地元経済も活性化します。

> 途上国での低所得者向けビジネスでは、1人1人からは大きな売り上げがなくても、シェアを取ることで十分に収益が得られます。消費者のニーズを的確につかむことが大切で、高品質だけを追求する高価格志向の商品開発では国際競争に乗り遅れます。

---

### 👆 ワンポイント　SDGsを知るには

SDGsについて情報を得るには、まずは外務省のJAPAN SDGs Action PlatformのWebサイト（https://www.mofa.go.jp/mofaj/gaiko/oda/sdgs/about/）をチェックするのがよいでしょう。SDGsの基本的な内容のほか、日本政府が発信するさまざまな情報を動画で見られます。具体的にどんな取り組みが行われているかといった事例の確認も可能です。図表22-1 で挙げたキャッシュレスが関係する分野において、どんなことが行われているかチェックしてみましょう。

# 23 ［国際送金］

# 国際送金と手数料の問題を知る

国際送金には、手数料が高いという課題があります。世界では7人に1人が送金や受け取りを国際的に行っている現状を鑑みると、手数料が人々の生活の足かせになることは明白です。国際送金の課題の改善を考えましょう。

## ○ 銀行を使った国際送金は不便

銀行は国際送金で大きな役割を担っていますが、手数料が高く、着金までの時間も不明確です。その理由は、「コルレス取引」という仕組みにあります。**図表23-1**のように、送金元と着金先の銀行が相互に口座を開き合い、送金情報を流すことで国際送金が完了します。

たとえば日本のAA社が送金依頼をXX銀行に行うと、まず、YY銀行が日本で開いている口座に円を入金します。次に、XX銀行はドイツのYY銀行に送金があったことを通知します。ドイツに開いていたXX銀行の口座からユーロが引き落とされてBB社に振り込まれます。コルレス取引には時間と手間がかかり、これが高い手数料につながっているのです。

▶ **コルレス取引による国際送金** 図表23-1

銀行を使って国際送金をすると、時間と手間がかかる

## 👍 ワンポイント 銀行は当たり前ではない

世界には銀行口座を持たない成人が20億人います。また、国際送金の90％は現金だといわれています。スムーズな

国際送金のニーズは高く、電子マネーの進出余地が多く残されています。

## ● 電子マネーによる送金

世界銀行によると、2018年の途上国での国際送金額は529億ドルでした。200ドルの国際送金コストは7%と、2008年の9.8%からは低下したものの、SDGsによる2030年の目標値である3%を大きく上回っています（**図表23-2**）。

銀行は平均して10.2%、国際送金業者は6.2%の手数料を要求しています。World RemitやWestern Unionなどの国際送金業者は銀行よりも手数料が安いものの、それでも十分に低いとはいえません。

そうした中、電子マネーが注目されています。送金先がサービスの展開国に限られますが、同じ企業内のサービスを使うためにコストが下げられます。2018年には43億ドル分の電子マネーが国際送金に使われました。200ドル送金の平均費用は1.7%と非常に低くなっています。

▶ **国際送金の手数料** 図表23-2

| 地域 | 手数料 | 地域 | 手数料 |
|---|---|---|---|
| 世界全体 | 6.9% | ラテンアメリカ・カリブ諸国 | 6.2% |
| 南アジア | 5.0% | 東アジア・パシフィック | 7.2% |
| 欧州・中央アジア | 6.7% | サブサハラ | 9.3% |
| 中東・北アフリカ | 6.8% | | |

出所：KNOMAD, Migration and Remittances, Brief 31, p.6.

## ● 銀行側の反撃

銀行の側でも送金の使い勝手を向上させ、コスト削減を進めています。2017年に稼働したSWIFT gpiへ接続する銀行が増えており、着金までの時間が30分以内になるという利便性が武器です。

仮想通貨の利用も進められています。すでにアルゼンチンの銀行がビットコインを使った貿易取引の実証実験を行っているほか、JPモルガンなどの銀行が参加するIINも、仮想通貨を利用した国際送金のネットワーク作りを進めています。中国のAnt Financialや仮想通貨のリップルなども国際送金に進出しており、この領域への関心の高さがうかがえます。

---

### 👍 ワンポイント　SWIFTとは？

SWIFT（国際銀行間通信協会）は、国際送金のメッセージの送信に使うシステムです。新しいgpi（Global Payments Innovation）システムでは、手数料の開示ルールや送金メッセージの追跡機能があり、透明性が高く、メッセージの送信が速くなります。

# 24

# 日本は海外事例から何を学ぶべきか

**このレッスンの
ポイント**

このレッスンでは、第3章でこれまで見てきた各国の事例を振り返っていきます。先進的な取り組みや社会問題など日本が学ぶべきポイントがいくつもあります。サービスを提供する側が忘れてはならないのは、<u>利用者の視点</u>です。

## ◯ サービスの統一が必要

レッスン6でも取り上げたように、<u>キャッシュレス支払い手段の乱立は、ユーザー満足度、つまりユーザーエクスペリエンスを低下させます</u>。たとえば個人間で送金したいのに、自分と相手とで使っているサービスが違うと、現金を使わざるを得なくなります。アフリカではA2A interoperability（レッスン19）への対策が始まっていますが、キャッシュレスが進んでいるヨーロッパではシェアの大きい主要な1〜2つのサービスが集中的に利用されています。シンガポールでは政府主導でQRコードが統一化されています。こういったサービスの統一化は、ユーザーや店舗の対応が容易になるというメリットがあり、また、犯罪対策や情報共有などの面でも協力しやすくなるため、重要な点だといえます。

サービスの統一化とブランドの統一化は別物です。クレジットカードでは、VISAやMasterCardなどのサービスの上にさまざまなブランドのカードが展開されています。大切なのは、同じシステムで動くようにするサービスの統一化です。

## ⭕ 囲い込まずオープンに

規格のオープン化はイノベーションやサービスの普及に欠かせません。ノルウェーのVippsは開発元のDNBがほかの銀行の参加を促したことでキラーアプリになりました。一方で、デンマークではMobile Payを開発したDanske Bankがそのサービスを囲い込んだために、Dankort Appとの競争が生じました（レッスン13）。囲い込みが起こると、店舗ごとに別々のアプリを立ち上げたり、それぞれ銀行口座などと紐づけたりする必要が起こり、利用する側にとっては非常に不便であり、競争する側にとっても、競争によるコスト増は避けられません。

> サービスだけでなく、データも共有したほうが活用方法が広がります。日本企業には「データはあるけど活用方法がわからない」というところも多いようです。

## ⭕ 誰でも使えるサービスを

「誰でも使える」という部分は2つに分かれます。第1は、わかりやすいインターフェース（利用者が操作するために触れる部分）です。たとえば海外旅行先のホテルのテレビを考えてみましょう。テレビのリモコンは説明書がなくても使えます。上のほうの赤いボタンで電源を入れ、その後は数字か矢印のボタンを押すだけです。複雑な機能を使いたい人は改めて勉強すればよいですが、誰でも直感的に使えるインターフェースの開発はなかなか難しい問題です。

第2は、社会的立場の弱い人も使えるようにすることです。価格の高いデバイスを買うことを前提にするのは社会の分断につながります。できるだけ安価に使えるような工夫が求められます。

> 私はキャッシュレスのインターフェースとしては、手の甲などに埋め込むインプラントチップが有力だと考えています。手をかざすだけで支払いができ、手術も簡単です。

## キャッシュレスは本当に金融包摂に役立つのか

グラミン銀行によるマイクロファイナンスの成功が報じられると、BoP（Bottom of Pyramid）ビジネスに注目が集まりました。これまで企業が見向きもしなかった所得の低い人々を対象に、援助ではなくビジネスを行うことで、社会状況を改善させられるとされていますが、一方で、BoPビジネスは本当のボトム層（つまり最下層）には届いていないという批判もあります。

途上国のキャッシュレス化も金融包摂を通じて経済的な立場の弱い人々の経済状況を改善させています。外国に出稼ぎに行って家族に送金したり、お金を借りて事業を始めたりすることができるようになっています。しかし、格安の携帯電話やスマートフォンを買えない人々、ミニ太陽光パネルも設置できない地域、識字率が低くてデバイスが扱えない地域の人々などはキャッシュレス化から取り残されています。本章でも、中国ではインターネットに接続できない人が6億人以上いることを見てきました。

確かに現在のキャッシュレス化は金融包摂で多くの人々を救っているものの、本当のボトム層には届いていません。

だからといって、BoPビジネスや金融包摂を批判するのは筋違いです。金融包摂は数十億人の人々の生活を改善し、その恩恵は先進国にもおよびます。それでも取り残される人々には、さらなる工夫が求められます。新しいアイデアを持つ社会的起業を支援することで、取り残される人々を減らせるでしょう。

> キャッシュレスはあくまでも道具です。私たちにはどのように道具を使えばよいのか、自由な発想でアイデアを出すことが求められています。

# Chapter

# 4

# 新しい通貨の形、
# 仮想通貨と電子通貨

日本では「あやしい」イメージのある仮想通貨ですが、外国ではすでにさまざまなところで支払い手段として使われています。仮想通貨は政府発行の電子通貨の開発を促しています。

# 「仮想通貨」と「通貨」

このレッスンの
ポイント

「仮想通貨」というキーワードは、いまではかなり浸透していますが、きちんと説明しづらい概念だと思います。このレッスンでは、通貨の機能という側面から仮想通貨とはどういうものか説明します。

## ● 仮想通貨と電子マネーの違い

仮想通貨といって多くの人が連想するのは「ビットコイン」だと思います。このビットコインは「サトシ・ナカモト」という人が作ったプログラムに基づいて機能しており、その仕組みを応用して、近年では企業や財団がさまざまな種類の仮想通貨を作っています。　最近ではFacebookの仮想通貨「Libra」がニュースを賑わせていたのを覚えている人も多いでしょう。このように仮想通貨は企業や

財団が作っていますが、では同じように企業や財団が発行している電子マネーとは何が違うのでしょうか？

最も大きな違いは、電子マネーは各国の法規制に則って発行されるのに対し、仮想通貨は法規制から自由に発行できるところです。特にビットコインが生み出される「現場」は世界中に分散しており、誰でも作成に携わることができます。

Chapter 4

新しい通貨の形、仮想通貨と電子通貨

仮想通貨の「取り扱い業者」には法の規制があり、消費者保護などの対策が行われていますが、仮想通貨の「創造」には規制がありません。

## ● 仮想通貨は「通貨」なのか

通貨には、計算単位、流通手段、価値保存の3つの機能があると説明しました（レッスン7）。これらの点から仮想通貨を眺めると、物が買えることから、仮想通貨は流通手段としての機能は持っているといえそうです。

この観点で最も問題視されているのは計算単位の機能です。多くの識者は、「仮想通貨の価格が乱高下する」ことを根拠に通貨ではないとしています。ただ、実務上は店舗が受け取ったビットコインはす

ぐに取引所で円やドル（「フィアットマネー（法で決められたお金）」といいます）に交換されるため、為替リスクはせいぜい10分くらいしかなく、その間はしっかりと価値のモノサシになっています。1円は未来永劫1円でなければならない、というのは計算単位ではなく、「価値保存」の側面です。長期的な視点で見ればフィアットマネーもインフレにより価値が低下します。

## ● 価値の保存に適しているのか

通貨の機能のうち、上述の「価値保存」については意見が分かれるところです。長期にわたり価値を保てるのか、ということです。「通貨の価値は未来永劫保たなければならない」という主張もありますが、いまでは江戸時代の紙幣では何も買うことができず、価値がありません（骨董品としての価値はここでは当てはまりません）。何世代にもわたって価値を保存したいのであれば「通貨」ではなく、「資産」で保有すべきです。その意味では長くて

も数十年間、価値を保存できればよいと考えるのが妥当です。ビットコインは誕生してから10年以上経っています。今後もビットコインが生き残るかは不明ですが、ほかの仮想通貨に乗り換えながら価値を保つことはできそうです。現金の場合に、新札が発行されたら旧札から交換するのと似ています。

以上から、柔軟な発想を持てば、仮想通貨は通貨の機能を満たしているといえるでしょう（図表25-1）。

### ▶ 仮想通貨と通貨の機能 図表25-1

| 通貨の機能 | 有無 |
|---|---|
| 計算単位 | ○ |
| 流通手段 | ○ |
| 価値保存 | △ |

仮想通貨は、通貨の機能のうち計算単位と流通手段は持っている。価値保存については意見が分かれる

仮想通貨はいままでにない新しい通貨の形です。古い通貨の型にはめてダメ出しをしても意味がありません。

# 26

## ［金融商品］
# 仮想通貨のマーケット

**このレッスンの
ポイント**

ビットコインをはじめとする仮想通貨には価格がついており、<u>市場で取引</u>されています。近年は金融商品として取引されるようにもなってきており、新しい特徴を持った通貨も続々誕生しています。

## ● ビットコインは金融商品

仮想通貨は専用の取引所などで売買されていますが、2017年12月にはアメリカのCME（シカゴマーカンタイル取引所）にビットコイン先物が上場されました。上場により、個人投資家だけでなく、機関投資家もビットコインに投資しやすくな

りました。ビットコインは、株式や債券といったほかの金融商品よりも値動きが荒いことから（「ボラティリティが大きい」といいます）、ボラティリティ取引を好むヘッジファンドなども参入しています。

### ▶ ビットコインの価格推移 図表26-1

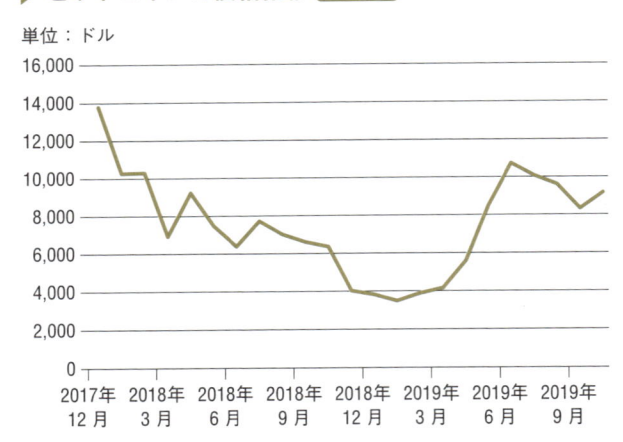

単位：ドル

CME上場で金融分析に使えるデータが取れるようになったため、ビットコインの価格予測モデルなどの研究も始まっています。

出所：データはInvesting.comより

ビットコインはボラティリティが大きいことがわかる

## 種類が増える仮想通貨

仮想通貨が金融商品としてどれほど注目されているかを推し量る材料として、時価総額を見てみましょう。 図表26-2 は2019年11月時点での仮想通貨の「時価総額上位10通貨」 です。 ビットコイン（Bitcoin）、 イーサリアム（Ethereum）、XRP（通称名リップル）が3大通貨となっています。 ちなみにこのほかにも4,000種類以上の仮想通貨が存在し、その数は日々増え続けています。

▶ 仮想通貨上位10位 図表26-2

| 順位 | 名前（通貨コード） | 時価総額 | 順位 | 名前（通貨コード） | 時価総額 |
|---|---|---|---|---|---|
| 1 | Bitcoin（BTC） | 1,591億ドル | 6 | Litecoin（LTC） | 39億ドル |
| 2 | Ethereum（ETH） | 201億ドル | 7 | EOS（EOS） | 33億ドル |
| 3 | XRP（XRP） | 121億ドル | 8 | Binance Coin（BNB） | 31億ドル |
| 4 | Bitcoin Cash（BCH） | 51億ドル | 9 | Bitcoin SV（BSV） | 24億ドル |
| 5 | Tether（USDT） | 41億ドル | 10 | Stellar（XLM） | 15億ドル |

出所：CoinMarketCap

## 価格変動の少ない仮想通貨も

ビットコインは価格が大きく変動していますが、「ステーブルコイン」という価格変動を抑えた仮想通貨も登場しています。代表格は「テザー」(Tether) で、 図表26-3 のステーブルコインは1コイン＝1アメリカドル付近で価格が推移しており、ほかの仮想通貨に比べてかなり価格が安定しています。価格が安定するのは、ステーブルコインの発行団体が仮想通貨の発行残高と同じだけの資産を持っているためです。電子マネー発行者や中央銀行と同じ方策を行っていることになりますが、本当に資産を保有しているのか外部からチェックする方法がないことが多く、信頼性の確立はまだまだといったところです。

▶ 代表的なステーブルコイン 図表26-3

| 名前（通貨コード） | 特徴 |
|---|---|
| Dai（DAI） | イーサリアム上で利用されている |
| Gemini Dollar（GUSD） | ウィンクルボス兄弟が発行する仮想通貨 |
| Paxos Standard（PAX） | 複数の金融機関によって運用されている |
| Tether（USDT） | 2015年から発行されている代表的なステーブルコイン |
| TrueUSD（TUSD） | 同額の米ドルを保有し安全性の高さを謳っている |
| USD Coin（USDC） | イーサリアム上で利用されている |

# 27

# 仮想通貨が動く仕組み

**このレッスンの
ポイント**

仮想通貨は徐々に支払い手段として利用範囲が広がっています。このレッスンでは、仮想通貨をどのようにして入手するのか、その価値がどうやって移動しているのか基本的な仕組みを概説します。

## ○ 仮想通貨を使うには

旧い文献を読むと、仮想通貨を手に入れる最も簡単な方法は人からもらうことだと書いてあります。当時はビットコインも1円以下だったため、簡単にもらえました。また、「マイナー」というデータ作成者になればビットコインを手に入れられます。しかしいまとなっては、個人がマイナーとなってデータを処理するのはほぼ不可能です。

現在では、仮想通貨取引所に口座を開いて、円やドルなどのフィアットマネーで仮想通貨を購入するのが一般的な入手法です。入手した仮想通貨は、取引アプリを使って、電子マネーと変わらないように利用できます（図表27-1）。ちなみにビットコインの受け払いには、「ビットコインアドレス」という英数字で作った文字列を使いますが、これを入力するのは大変なので通常はQRコードが使われています。電子マネーやペイサービスと同じです。円やドルで支払額を入力すると、アプリが自動的にビットコイン（BTC）単位に変換して、決済手続きをしてくれます。

▶ **ビットコインで支払う** 図表27-1

取引所でビットコインを　　QRコードを読み込んで　　換算はアプリが
　　購入　　　　　　　　　　支払い　　　　　　　　　自動で行う

ビットコインなど仮想通貨は、取引所で購入し、通常はアプリで使う

## ◯ 支払いが完了するまで

「AさんからBさんに0.01BTC支払う」という支払い指図書を「トランザクション」、トランザクションをインターネット上に流すことを「ブロードキャスト」といいます。インターネット上を流れるトランザクションデータは、「トランザクションプール」というところに格納されます。この時点では、支払いは完了しておらず、「マイナー」と呼ばれる人たちがプールの中からトランザクションを取り出して、「ブロックチェーン」にそのデータを書き込みます（図表27-2）。データを書き込むための「ブロック」は平均して10分に1回作成されるため、支払いが行われるまで10分ほどかかります。ブロックチェーンに書き込まれたデータは誰でも閲覧できるため、受け取り側も支払いを確認できます。

このトランザクション、つまりビットコインのやりとりが書き込まれたブロックチェーンのデータは、安全で書き換え不可能だとされています。しかし念のために、支払いデータの上にブロックが5つ積み上がった時点で支払いが本当に完了した、とみなされます。つまり、本当に支払いが確定するまでに約60分かかるというわけです。

### ▶ ビットコインの支払いの流れ 図表27-2

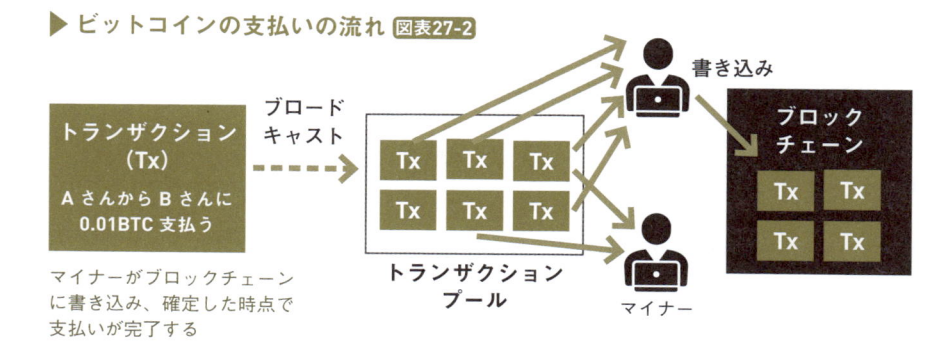

マイナーがブロックチェーンに書き込み、確定した時点で支払いが完了する

## ◯ 手数料は送金側が負担

ビットコインの世界でも、銀行振り込みと同じように送金者が送金手数料を支払います。ちなみにクレジットカードは受け取り側の店舗が手数料を負担しています。仮想通貨の送金手数料は、マイナーがトランザクションをプールから取り出す手間賃と考えればよいでしょう。マイナーは手数料の高いトランザクションから処理するため、提示した手数料が安いとしばらく放置される可能性があります。そのため仮想通貨の送金手数料は、その取引ごとに変動します。ただ、アプリには適切な手数料を自動で選んでくれる機能がついているため、ユーザーが手数料をいくらにすればよいのか悩む必要はありません。

## ◯ ビットコインのブロック

トランザクションを書き込むためのブロックを作成する作業を「マイニング」といいます。トランザクションをブロックに書き込む作業が、金を掘る作業（採掘＝マイニング）に似ていることから名づけられました。このブロックは 図表27-3 のような構成になっています。

ヘッダー部分には、ブロックを識別するための情報が入っています。具体的には ブロックのナンバー、前のブロックの識別記号、現在のブロックの情報の要約（マークルルートといいます）、現在のブロックの「キーワード」（ナンスといいます）です。トランザクションは、台帳部分に格納されています。最初のトランザクションには「ブロック報酬」というブロック作成者が獲得できるビットコインの受け取り先が記載されています。

▶ ビットコインのブロック 図表27-3

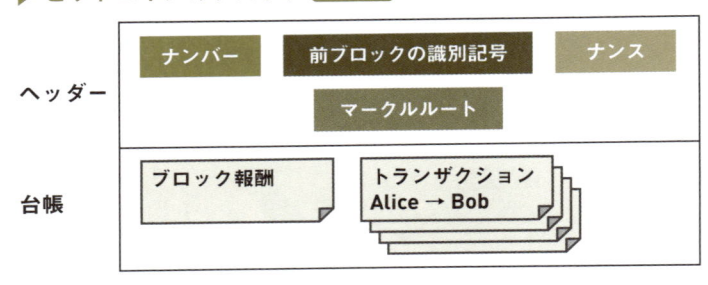

ブロックはヘッダーと台帳で構成され、それぞれにデータが記載されている

## ◯ マイナーの収入

マイナーたちはナンスと呼ばれるキーワード探しをしています。ビットコインのナンスは10桁の数字として表現されますが、正しいナンスを見つけるのが難しく、最も早く見つけたマイナーがブロックを作成して報酬を得ます。2019年現在は1ブロックにつき12.5BTCの報酬を得られ、これがマイナーの収入になります。また、ブロックには数百から3,000ほどのトランザクションが含まれますが、それぞれの送金者から送金手数料を得ます。送金手数料は1ブロックにつき1〜2BTCになります。ブロック報酬と送金手数料がマイナーの収入になります。これらの報酬がマイナーがビットコインを支えるための動機となり、マイナーは設備投資をして競争に加わっています。

本レッスンの執筆時点では、1BTC ＝約9,000 ドルですので、1 ブロックにつき12 〜 13 万ドルになります。

## マイナー間の競争

ナンスはハッシュという計算から求められます。1回の計算をするのはとても簡単で一瞬で終わりますが、ビットコインのプログラムが設定した条件を満たすナンスがなかなか見つからず、ナンスを見つける競争がマイナー間で発生します。

1秒間に10兆回計算できる専用機器を使ってもナンスの発見競争には立ち向かうことができず、専用機器を大量に集めたマイニングセンターや小規模マイナーを束ねたマイニングプールが活躍しています。

競争に打ち勝つためには規模の拡大が近道ですが、コンピューターをフル回転させるため、電力や熱の問題が発生します。そのため最近ではアイスランドのような寒冷地にマイニングセンターを開設したり、インターネットを通じて世界中からマイニングプールの参加者を募ったりしています。このような競争はビットコインのデータの安全性につながる一方で、競争に負けたマイナーが暗号を解くために費やした電力が無駄になるという問題があります。ビットコインが世界の電力需要の0.25％を使っているという研究もあります。

## ビットコインの問題を解決する試み

仕事をしたマイナーが報酬を得られる仕組みを「PoW」(Proof of Works) といいます。ナンスを見つける競争をしている不特定多数のマイナー同士で、誰かがマイニングに成功したことを合意形成するためのもので、いわばビットコインのデータの書き換えを防ぐ仕組みですが、前述の通り競争を促し、電力を大量に消費するという問題があることも確かです。

こういったビットコインの問題点を改善しようとする試みもあります。近年の仮想通貨では「PoS」(Proof of Stakes) という仕組みを取り入れるものが増えています。これは、仮想通貨を多く保有しているマイナーがブロックを優先的に作成できるというルールで、消費電力の低減につながっています。また、仮想通貨の発行者（発行団体）がマイナーを指名することで無用な競争を防ぐ取り組みもあります。

さまざまなルールを試せるのも仮想通貨のよいところです。

[仮想通貨の活用例①]

# 国際送金に使われる仮想通貨

このレッスンの
ポイント

レッスン23では国際送金の手数料の高さを指摘しました。仮想通貨の中には国際送金に使われるものがあり、手数料の削減に役立っています。どのような取り組みが行われているのか、具体的に見ていきましょう。

## ◯ 仮想通貨を「送る」ということ

レッスン27で見たように、仮想通貨の送金は、支払い情報を載せたトランザクションをインターネット上に流し、その情報をキャッチしたマイナーがブロックに書き込むことで完了します。ブロックに書き込まれた情報は誰でも閲覧できるため、所有者が誰かもわかります。仮想通貨を送るという行為は、ブロックチェーン上に記載された仮想通貨の所有者を書き換えることに相当します。

この書き換えはインターネット上で行われるため、そもそも国境は関係ありません。近年、ビットコインは送金手数料が高くなってしまいましたが、送金手数料を低く抑えている仮想通貨もあります。そういった仮想通貨を用いれば、途上国の人々の国際送金に使うことができ、金融包摂（レッスン21）に役立ちます。

仮想通貨を送金するためにはスマートフォンがあればよく、銀行口座は必要ありません。途上国の人々でも利用できる方法です。外国ではビットコインによる授業料払い込みを受け付けている大学も多くあります。

## ● 仮想通貨と銀行システムをつなげたリップル

仮想通貨の1つであるリップル（XRP）は、銀行口座を持っている人や企業をターゲットに送金ビジネスを展開しています。リップルと契約し、リップルの「ODL（旧xRapid）」システムに参加している銀行間であれば、スムーズに送金可能です（図表28-1）。

使い方はシンプルで、送金側と受け取り側の企業それぞれがリップルに接続でき

る銀行に口座を開きます。銀行に送金依頼をすると、銀行がリップルを通じて送金します。リップルのシステム内では、円→リップル、リップル→円や、ユーロ→リップル、リップル→ユーロなどが取引されています。これを利用して円→リップル→ユーロと変換して送金できます。なお、送金にかかる時間は最短で4秒といわれています。

### ▶ リップルを使った送金 図表28-1

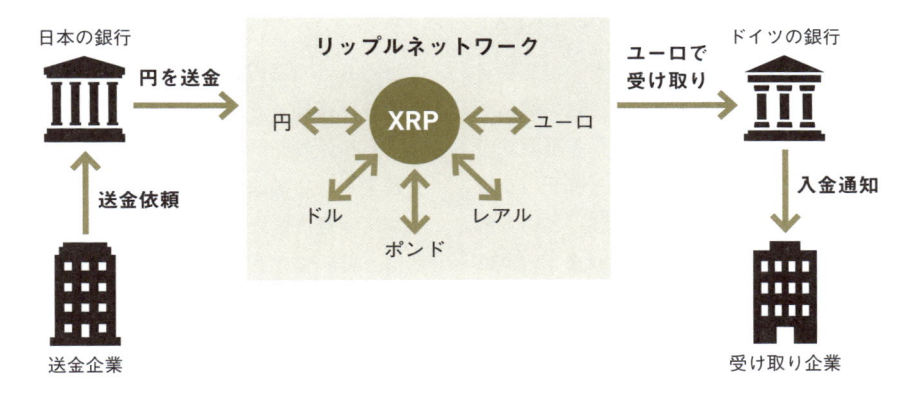

リップルを経由して国際送金できる

---

### 👍 ワンポイント　個人向けの「Stellar」

リップルは企業間をターゲットにしていますが、個人間での送金で使える「Stellar」（ステラ）という仮想通貨があります。仕組みもリップルと同じです。

Stellarは途上国の個人をターゲットにしていますが、送金側も受け取り側も銀行口座を持っていることが前提になっています。

# 29

## 広がる仮想通貨ビジネス

このレッスンの
ポイント

仮想通貨のビジネスへの応用例を見てみましょう。自前で仮想通貨サービスを開発するハードルは非常に高いことから、ブロックチェーン活用を容易にする**BaaS**というサービスも登場しています。

## ⭕ ビットコインを使ったデータ保管

ビットコインには短いメッセージを書き込める領域があるのですが、この領域を利用し、データの「確かさ」を証明することができます。契約書などのデータにハッシュ（レッスン46で解説）という計算を施すと暗号文が作成されます。具体的には、契約書本文に、契約書が保管されているWebアドレス、タイムスタンプなどを加えたデータを暗号化し、それをビットコインの送金メッセージとして書き込んでおきます。ブロックチェーン上に保存されたこのデータは、契約の当事者全員が確認でき、しかも変更不可能です。もし元の契約書が改竄されると暗号文が変わってしまうため、ブロックチェーンに保存された暗号文と照らし合わせれば、契約書が書き換えられたかどうか確かめられる仕組みです。この性質を利用すれば、所有権なども管理でき、実際にさまざまな分野で応用されています（図表29-1）。

▶ **ビットコインの利用方法** 図表29-1

**取引記録**：自社システム内の取引結果を記録
**トレーサビリティ**：取引記録をブロックチェーンに書き込む
**所有権**：ビットコインに印をつけて持分証券として売買する
**身分証明**：身分証明書のデータをブロックチェーンに書き込む

データの確かさが求められる領域で活用できる

## ◉ 不動産取引にも応用

スイスのツーク市は「クリプトバレー」として知られており、仮想通貨やDLT（レッスン47）の開発企業が集まっています。ショッピングモールには仮想通貨のATMも設置されています。

そのツーク市では、blockimmo、Elea Labs、Swiss Crypto Tokensの3社がイーサリアムのブロックチェーンを用いた不動産取引のシステムを作り出し、2019年3月に最

初の取引が行われました。スイスフランに連動する「クリプトフラン」（XCHF）というステーブルコインでも物件を売買できます。

このほかスペインでもビットコインによる不動産の売買の実績が報告されています。また、ニューヨークでは各戸の権利をブロックチェーン上で管理して売買しやすくしたマンションも登場しています。

> スイス証券取引所では、2019 年に入って仮想通貨の上場投資商品（ETP）の上場が相次いでいます。執筆時点ではビットコイン（ABTC）、イーサリアム（AETH）、リップル（AXRP）、ビットコインキャッシュ（ABCH）、上位 10 仮想通貨（KEYS）が上場しています。

## ◉ ブロックチェーンを利用したビジネス

ビットコインやイーサリアムのブロックチェーンは有用性は高いですが、利用するためには技術力が求められます。そこで、ブロックチェーンをより簡単に利用できる「BaaS」（Blockchain as a Service）

と呼ばれるサービスがAmazonやIBM、Microsoftなどによって提供されています。たとえばダイヤモンドの取引を追跡する「Everledger」はIBMのBaaSを利用したサービスとして有名です（図表29-2）。

▶ ブロックチェーンを利用したビジネス 図表29-2

| ブロックチェーン | ビジネスの例 |
|---|---|
| Everledger | ダイヤモンドのトレーサビリティ |
| Peertracks | 音楽の売買プラットフォーム |
| Openbazaar | フリーマーケット |
| Binded | 著作権の登録プラットフォーム |
| Webjet | ホテル予約システム |
| Fresh Turf | 物流ソリューション |

BaaSを利用したビジネスはすでに稼働している

# 30

# トークンを活用する

**このレッスンの
ポイント**

仮想通貨は自分で作ることができますが、一から作るのは
大変なので、仮想通貨の作成支援アプリを使います。この
ようにして作られた自作の仮想通貨を「トークン」と呼び
ますが、活用の幅が広がっています。

## ● 仮想通貨を自作する

仮想通貨は自作でき、イーサリアムなど
の仕組みを使って発行することが可能で
す。本書では自作した仮想通貨など、限
られた範囲で利用する仮想通貨を「トー
クン」と呼びます。

トークンは、次のレッスン31で紹介する
スマートコントラクトを使って簡単に自
作できます。トークンは資金調達にも利

用されます。出資者にトークンを付与して、
出資証券の代わりにします。このような
資金調達法をICO（Initial Coin Offering）と
いいますが、トークンに価値がついて市
場で取引されるようになると、トークン
の保有者は市場でトークンを売って資金
を回収できます。ここでは、トークンは
株式のような役割を果たしています。

トークンは個人が作った小規模なものだけでなく、
市場で広く取引されているものもあります。

### 👍 ワンポイント　トークンの発行基準

仮想通貨やトークンは「ウォレット」
という財布アプリで管理しますが、ト
ークンの設計が悪いとウォレットアプ
リでうまく動かず、売却や送金ができ
ないといった問題が起こります。それ

を防ぐためイーサリアムには「ERC20」、
NEMには「mozaic」といったトークン発
行基準が定められており、この基準を
満たしていれば、ユーザーは安心して
ウォレットで管理できます。

Chapter 4　新しい通貨の形、仮想通貨と電子通貨

## ● ICOからSTOへ

ICOは資金集めに高い効果を発揮しますが、残念ながらICO案件の多くは詐欺的であるといわざるを得ません。投資する側の目利き能力が問われる一方で、法整備が欠かせず、ICOそのものを規制する国も増えつつあります。

この状況を改善するため、2018年後半からアメリカのSEC（証券取引委員会）の

規制に則ったICOを目指す「STO」（Security Token Offering）という試みが行われています。ICOで付与されるトークンは株式と同じような出資証券の性格を持っており、それなら出資証券としての法的要件を満たしてしまおうというのがSTOです。STOトークンであれば、個人投資家でも安心して投資できます。

## ● トークンは自由に使える

トークンは自分で設計するため、非常に小さい単位に分割して発行することも可能です。第7章で紹介する未来のサービスでは、非常に単価の低い情報を頻繁にやりとりします。たとえば、バスに付けられた温度センサーの情報が気象サービス会社に送信されるケースでは、毎秒多くのセンサーから同時に情報が送信され

ます。それらは天気予報に有用ですが、1件1件の情報の価値は 0.00000001円など低いものかもしれません。このような小さな価値の送金にはトークンが向いています（図表30-1）。また、地域で使えるトークンを発行することで、地域振興などに活用できるでしょう。

### ▶ トークンの使い道 図表30-1

極小額で大量のやりとり

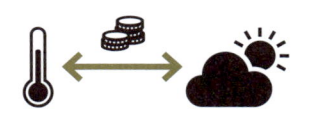

地域の振興

データのやりとりで活用したり、独自の仮想通貨として地域振興に役立てたりといった使い方ができる

短い期間に大量の送金が行われることを「IoT ペイメント」といいます。トークンの利用が期待されますが、「IOTA」（アイオタ）など、IoT ペイメントで使えるように設計された仮想通貨もあります。

# スマートコントラクトで新サービス

このレッスンの
ポイント

> 仮想通貨のイーサリアムには、「スマートコントラクト」という機能が実装されています。直訳すると「かしこい契約」ですが、承認手続きなどを自動化できる機能と考えればよいでしょう。この機能を使った取り組みを紹介します。

## ○ スマートコントラクトとは

スマートコントラクトとは、人によらない自動的な契約の仕組みです。仮想通貨の一種であるイーサリアムで実装されていて、仮想通貨の仕組みの中でプログラムを動かせます。たとえば 図表31-1 のような稟議書の決裁などへの応用が可能です。これまではすべての稟議書を人がチェックしていましたが、一定の条件を満たした案件についてはプログラムが決裁して次の人に回し、問題があるものは人間が判断するように促します。条件はプログラムであらかじめ決めておきますが、プログラム化できるものであれば複雑な条件でも設定可能です。決裁の状況はブロックチェーンに記録されているため、どこで稟議書が滞っているのか、誰がどのようなコメントを残したのかを全員がチェックできます。

▶ スマートコントラクトによる自動化 図表31-1

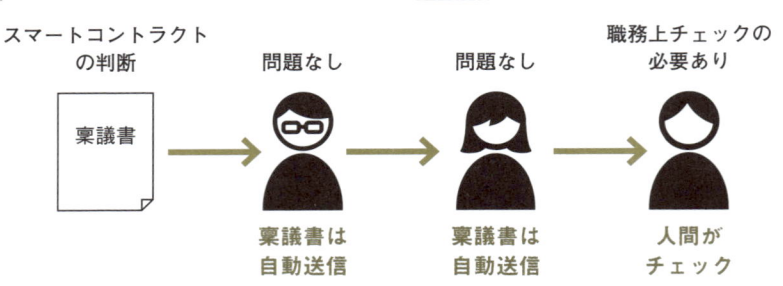

自動的に決裁して次の人に回して、問題がある場合だけ人間がチェックするといった条件を組み込める

# ⬤ クラウドファンディングにも応用可能

クラウドファンディングとは、インターネットを利用して不特定多数の人々から資金を集めることです。通常、個人で新しい事業を始めようとしても、回収リスクが高いため銀行は資金を貸してくれません。そこで、クラウドファンディングの仲介サイトを利用して、どのような事業をしたいのか、いくら資金が欲しいのか、事業が成功したら資金の出し手にどのように報いるのかなどを公表します。事業に賛同した人は、仮想通貨を出資金として支払います（**図表31-2**）。この仕組みはスマートコントラクト上で動いています。

▶ クラウドファンディング **図表31-2**

クラウドファンディングサイト

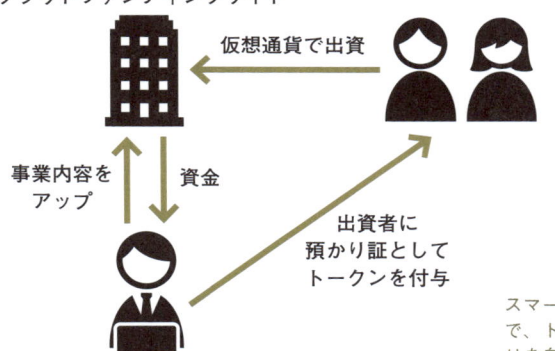

仮想通貨で出資

事業内容をアップ　資金

出資者に預かり証としてトークンを付与

スマートコントラクトで、トークンのやりとりを自動化できる

# ⬤ 金融取引との相性がよい

スマートコントラクトは「価格が設定値よりも高くなったら仮想通貨を売って資金を回収する」というような取引に簡単に転用できます。条件を事前に設定して条件を満たしたら取引する、という流れは金融取引そのものです。スマートコントラクトが金融界から注目されている理由がここにあります。

---

## 👍 ワンポイント　スマートコントラクトは自作もできる

スマートコントラクトは自作できます。プログラムのひな型は多く出回っているので、それを改良するのです。自作のクラウドファンディングプログラムの作成は、ブロックチェーン関連のエンジニアを目指す人にとってよい教材にもなります。

うまく機能すれば、価値のある仮想通貨が取引されているメインネットにアップするといった使い方が可能です。

## [仮想通貨の運営]

# 32 仮想通貨のガバナンス

このレッスンの
ポイント

> 運営方法のことを**ガバナンス**といいます。仮想通貨の運営
> 方法は種類によって異なりますが、**管理者の有無や細かい
> ルールが仮想通貨の性格を決めています。ガバナンスを巡
> る問題**についてまとめておきましょう。

## ● ビットコインの運営

ビットコインのプログラムは「サトシ・ナカモト」が作りあげ、そのプログラムによってビットコインの発行量などが決められていますが、安全面など運用部分に関するプログラムの修正は可能になっています。そのため、日夜議論が行われており、「BIP」と呼ばれるビットコイン改善提案が多数出されています。

具体的には、「ビットコインコア」と呼ばれる技術グループがBIPを承認して、マイナーたちの投票で賛成が95%など多数に達した場合には、改善提案が実行に移されます。

欧米系の人が多く参加しているビットコインコアと、中国系が多く参加しているマイナーとの間で感情的なやりとりも行われており、両者の対立のためにビットコインの改善スピードは遅くなっています。このような状況を見て、ビットコインの名前を冠した新しい仮想通貨がビットコインから分裂する形で作られています（図表32-1）。

▶ **分裂した仮想通貨** 図表32-1

ビットコインから

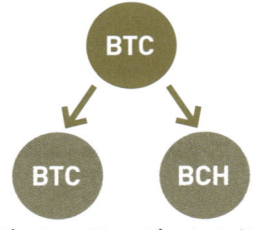

ビットコイン　ビットコイン
　　　　　　　キャッシュ

イーサリアムから

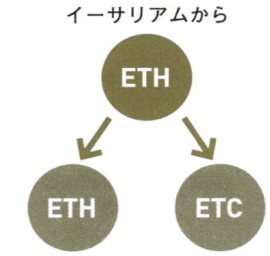

イーサリアム　イーサリアム
　　　　　　　クラシック

このような分裂はたびたび発生する

> ビットコインが
> 「政治的」といわ
> れるゆえんです。

## 仮想通貨は社会実験の場

イーサリアムでは、スマートコントラクトをマイナーに実行してもらうためにGAS（ガス）と呼ばれる手数料を支払います。プログラムが長くなればGASも高くなるので、マイナーは収益を増やすために、GASの高いトランザクションを優先的に取り込もうとします。

2018年にはGAS上限を設けるべきとの意見が出ました。GASに上限がなければ、非常に長いプログラムを実行できるマシン能力を持ったマイナーだけがブロックを生成できるようになり、中央集権的になってしまうという懸念があるからです。

GASに上限を設ければ規模の小さいマイナーもブロック生成に参加できますが、短いプログラムしか実行できなければスマートコントラクトの魅力が半減してしまいます。

GAS上限を設定するかどうかはほんのわずかなシステム上の違いです。しかし、わずかな違いがシステム全体に大きな影響を与えるかもしれません。マイナーは投票者でもあるため、制度設計の違いが投票行動に影響を与えるという社会的な側面を持ちます。仮想通貨は社会実験の場であるともいえるのです。

## 仮想通貨を「管理」する必要があるのか

仮想通貨の世界では「分散的」（decentralized）であることが重視されています。政府のような中央集権的な管理者がいない世界をよしとする考え方です。自由な発想が許される分散的な世界ではイノベーションのスピードも速くなりますが、一方で仮想通貨をビジネスとして使うためには、責任の所在やルールを明らかにしておく必要があります。

現在の仮想通貨市場には分散的なものも集中的なものも存在しますが、それぞれの制度のメリットや課題など、幅広い観点からの議論や研究が求められます。

社会学者や経済学者がもっと仮想通貨に興味を持って研究してくれたらと思います。

# 33

[仮想通貨のこれから]

# 仮想通貨の正当性を考える

このレッスンの
ポイント

仮想通貨に関する最後のレッスンでは、仮想通貨が今後どのような命運を辿っていくかを考えていきましょう。ポジティブな面やネガティブな面を踏まえても、<u>多くの可能性を秘めた仕組み</u>であることに違いはありません。

## ⭕ 仮想通貨はなぜ問題視されるのか？

仮想通貨が登場したころは、国境を越えて自由に送金できる未来の金融ツールとして紹介されました。それが価格の乱高下やコインの流出問題がクローズアップされるにつれて、いつのまにか「あやしいもの」というイメージが植えつけられてしまったようです（図表33-1）。特に日本ではビットコインのバブルが発生したことでマイナスイメージが先行し、仮想通貨の利活用で外国に遅れを取ってしまいました。

しかし、仮想通貨が問題視される本当の理由は、政府のコントロール下にないことにあります。表向きは犯罪に利用される可能性やAML/CFT問題（レッスン41）を危惧していますが、<u>政府としてみれば、経済活動に関わる支払いの道具の実権を、他者に奪われたくない</u>というのが本音です。

▶ **仮想通貨のイメージの変遷** 図表33-1

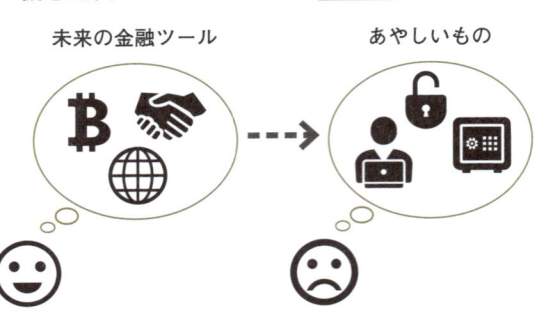

未来の金融ツール　　あやしいもの

世間的には、あやしいものというイメージが強いが、問題の本質は政府のコントロール下にないということ

犯罪利用やAML/CFT問題は匿名性のある現金にもそのまま当てはまります。しかし「現金を排除せよ」と主張する政府はありません。現金は政府のコントロール下にあるからです。

## ◯ 仮想通貨はすでに広く利用されている

仮想通貨での支払いは着実に増えており、すでに貿易での支払いの実証実験も各地で成功しています。IMF（国際通貨基金）が2019年3月にツイッターを通じて「5年後にはランチ代を何で支払っていますか？」というアンケートを取ったところ、56%が仮想通貨と答えました。多くの人々が仮想通貨は今後も日常生活で使わ

れるだろうと考えていることを示唆しています。

私たち国民の立場からすると、これまでは政府への不信感がある場合にはドルなどの外貨や金（きん）などを手に入れるしかありませんでした。仮想通貨の登場により、選択肢の幅が広がったといえます。

## ◯ 電子通貨の可能性を開いたLibra

2019年6月にFacebookが「Libra」という仮想通貨を作ることを公表しました。途上国の人々の国際送金が主なターゲットで、アメリカドルなど5つの通貨から価値を算出することや、ブロックチェーンでデータを管理することなどが話題になりました。その話題の一方で、いわゆる「GAFA企業」の個人情報の取り扱いに疑念が生じていることや、政府のコントロールの効かない「仮想通貨」という用語を使ったことなどから、多方面から反発が生じて計画が頓挫しています。

これまで述べてきたとおり、途上国の

人々は電子マネーなどを使って国際送金を実現させており、Stellarのような仮想通貨も存在します。Libraは革新性よりもむしろ、「政府に目をつけられている巨大企業が関係している仮想通貨」という点が災いしました。

Libraは頓挫してしまいましたが、身近で国際的に利用できる仮想通貨が実現可能なところに来ているということを認識させました。Libraの登場によって、これまであまり注目されてこなかった電子通貨の議論や研究が活発になったという側面もあります。

▶ **Libraの特徴** 図表33-2

 **Libra**
発行主体：Libra 協会
発行開始：2020 年（予定）

開発はFacebookだが、発行と運営は非営利団体であるLibra協会とされている

**Facebook** ではなく、**PayPal** が主導していればこれほどの反発はなかっただろうという声が業界にはあります。

# 34 電子通貨とは何か

このレッスンの
ポイント

政府が発行するデジタル形式の通貨が「電子通貨」です。電子通貨は現金と同じように政府が発行するもので、国の保証がついたキャッシュレス支払い手段です。このレッスンでは電子通貨の現状を眺めてみましょう。

## ● 電子通貨(e-cash)の必要性

国には人々が安心して使える、安全な支払い手段を提供する義務があります。そして支払い手段を安全にするためには、最新の技術を使う必要があります。現在は紙製と金属製の現金を提供していますが、今後も最も安全な支払い手段であり続けるとは限りません。すでに現金には盗難の恐れや詐欺での利用など安全性を脅かす問題が発生しています。

加えて現金の利用が減ることが予想される中で「キャッシュレスな支払い手段の提供を民間に任せきってしまってよいのか」という問題もあります。仮想通貨の登場と広がりは、警戒感とともに危機感をも呼び起こしており、さまざまな国において政府が発行する「電子通貨」（e-cash）の研究が進められています（図表34-1）。

▶ **電子通貨は政府が発行する「通貨」** 図表34-1

民間企業など　電子マネー　有志、団体など　仮想通貨

政府　紙幣・硬貨（現金）　電子通貨 e-cash

民間企業や団体が発行する電子マネーや仮想通貨でなく、政府が発行するデジタル通貨が「電子通貨」(e-cash)

たとえばカリブ海に浮かぶバハマでは、バハマドルの電子通貨を 2020 年に導入することを 2019 年 3 月に公表しました。点在する島々からなる国では、現金をすべての島に行き渡らせるコストが非常に高いことが背景にあります。

Chapter 4 新しい通貨の形、仮想通貨と電子通貨

## ● 中央銀行が作る2種類のお金とは？

中央銀行は私たちが利用する硬貨や紙幣を発行するだけでなく、銀行間取引などに使われる準備預金も発行しています。前者を「リテール」、後者を「ホールセール」と呼ぶこともあります。

図表34-2 を見てください。電子通貨に関する研究も2種類に分けられ、カナダはホールセール、それ以外はリテールの研究です。ホールセールの研究や実証実験では、コスト削減など一定の成果は得られたとされていますが、現在のシステムを変えるほどのメリットはないようです。リテールの研究も盛んに行われています。スウェーデンのe-kronaは2016年に名前が公表されてから有名になりましたが、その後の研究は停滞しており（レッスン35）、世界初の電子通貨発行はバハマということになりそうです。スウェーデンの隣国のデンマークでは、電子通貨が金融システムに与える影響を評価できないとして、電子通貨に否定的な態度を取っています。

### ▶ 電子通貨を巡る動き 図表34-2

| 国・地域 | 動き | 国・地域 | 動き |
|---|---|---|---|
| アメリカ | 2019年に議員が中央銀行に電子ドルに関する書簡を送付 | バハマ | 電子通貨発行に向けてIBMなどのベンダーと契約 |
| カナダ | CADコインレポートを2017年に公表 | ベネズエラ | 石油を裏付けとするペトロを発行 |
| スウェーデン | e-kronaの研究。2017年、2018年にレポートを公表 | リトアニア | 2020年初めにもデジタル記念コインを発行 |
| デンマーク | 電子通貨には否定的 | | |

出所：川野祐司『キャッシュレス経済』文眞堂、p.188を抜粋・追記
カナダについてはホールセール、それ以外はリテールに関するもの

> 電子通貨はまだ固まった仕様がないため、仕様次第では経済に大きな影響を与えることが予想されます。レッスン36で取り上げましょう。

### 👍 ワンポイント　現金の発行者

日本など多くの国では、硬貨は政府が発行し、紙幣は中央銀行が発行しています。硬貨は枚数は多いですが金額が小さいため、便宜上、中央銀行が現金を発行していることにしています。

# [e-krona]

# 35 スウェーデンのe-kronaに見る 電子通貨の課題

**このレッスンの
ポイント**

レッスン13で見たように、スウェーデンでは現金流通が2023年にほぼゼロになると見られており、電子通貨の必要性が高まっています。電子通貨の大まかな仕様は定まったようですが、課題はまだ残っています。

## ⭕ e-kronaプロジェクト

スウェーデンでは、2016年に中央銀行であるリクスバンクの副総裁からクローナの電子版である「e-krona」（イークローナ）という名前が公表されました。2017年には専門的な研究が始まり、これまで2回の中間報告書が公表されています。2回目の報告書の内容は1回目の報告書に比べて大きく進展したとはいえず、研究の難しさを物語っています。図表35-1のタイムテーブルもあくまでも可能性の1つとして提案されているだけであり、さらに遅れる可能性もあります。

### ▶ e-kronaプロジェクトのタイムテーブル 図表35-1

① e-krona の発行のための法的要件の調査 （2019）

② 発行のための資料作成と技術開発 （2019）

③ e-krona の技術面の草案の試験・評価 （2019 ～ 2020）

④ 必要性があれば e-krona のための法整備 （2020 ～ 2021）

⑤ パートナーの選考など発行に向けた準備 （2021 以降）

出所：Sveriges Riksbank, The Riksbank's e-krona project, Report 2.
プロジェクトのタイムテーブルは、あくまでも可能性の1つ

スウェーデンの中央銀行は「リクスバンク」です。「リスク」と間違われることがよくあります。私もたまに入力ミスします（笑）

## ● 2種類あるe-krona

リクスバンクは、「account-based e-krona」と「value-based e-krona」の2種類を検討しています。このままだと呼びづらいので、前者を「預金型」、後者を「電子マネー型」と呼ぶことにしましょう。アカウントというのは口座を表しており、e-krona用の口座を開いて利用します。e-krona口座は銀行口座と同じ役割を果たします。一方で、電子マネー型はSuicaなどと同じようにチャージして使います（図表35-2）。

この図表35-2にある「匿名性」というのは、PINコードなどを入力せずに支払いできることを指しています。電子マネー型は250ユーロ未満であればPINの入力が不要ですが、EUの第5次アンチマネーロンダリング指令により、2020年1月20日より150ユーロに引き下げられる予定です（チャージの上限額も150ユーロになります）。電子マネー型は利便性が低いうえに犯罪利用の可能性が残るという問題点があり、リクスバンクは預金型が望ましいとしています。

同じく「追跡」という項目は、e-kronaが誰から誰の手に渡ったのか道筋をたどれるということです。現金は追跡が不可能ですが、電子通貨は追跡が可能で犯罪抑止につながります。

### ▶ 2種類のe-krona 図表35-2

| | 預金型 | 電子マネー型 | 現金（※参考） |
|---|---|---|---|
| 金利 | あり | なし | なし |
| 匿名性 | なし | 250ユーロまであり | あり（上限なし） |
| 追跡 | 可能 | 可能 | 不可能 |
| 手渡し | 可能 | 可能 | 可能 |

出所：Sveriges Riksbank, The Riksbank's e-krona project, Report 2, p.17より作成
利便性と安全性の問題から、預金型が望ましい

## ● 最大の問題は処理能力

e-kronaがなかなか誕生しない理由はいくつかありますが、大量のトランザクションを処理するシステムを作るのが難しいというのが大きな理由の1つです。スウェーデンの人口は約1,000万人ですが、多くの人や企業が同時に支払いをすれば数百万のトランザクションが瞬間的に発生する可能性もあります。処理能力が高く信頼性の高いシステムの構築が課題です。

# [電子通貨の経済的影響]

# 電子通貨が使われる世界

**このレッスンの
ポイント**

**電子通貨の経済的インパクト**は仕様に大きく依存しています。現時点ではどのような電子通貨が登場するのか不明ですが、電子通貨の仕様項目や各国の動きなどを見てみましょう。

## ◯ 電子通貨の仕様

電子通貨を作るにはいろいろなことを前もって決めておく必要があります。図表36-1 を見てください。ウォレットとは電子通貨を入れておく財布のことで、スマートフォンやプラスチック製のカード、インプラントチップなどが候補になります。現金は中央銀行から銀行を通じて間接的に人々に配布されていますが、電子通貨は中央銀行から直接手に入れることも可能になるでしょう。こういった電子通貨の仕様は経済に影響を与えるため、あらゆる可能性を考慮して決定する必要があります。

▶ **電子通貨の仕様項目** 図表36-1

| 小数点 | 電子通貨に小数点を認めるか、小数点への分割を認めるか |
|---|---|
| データベース | 電子通貨のデータをどのように管理するか |
| ウォレットの上限 | チャージの上限を設定するか |
| コインエイジ | 一定期間使用履歴のない電子通貨やウォレットを無効にするか |
| 電子通貨の配布方法 | 電子通貨を中央銀行が直接配布するか、それとも銀行を通じて間接配布するか |
| 付利 | 電子通貨に金利をつけるか |

出所：川野祐司『キャッシュレス経済』文眞堂、p.203を抜粋
技術面や運用面での仕様を策定することが重要

テクノロジーの進化スピードは止められず、将来どうなるか研究の成果を見てから行動していては遅すぎるのです。私たちはこれから金融システムの大変革期に突入するかもしれません。

## ● アメリカやヨーロッパでも電子通貨の動き

アメリカやヨーロッパの国々は、以前は電子通貨に反対の姿勢を見せていました。たとえば欧州中央銀行（ECB）はエストニアのエストコイン計画を非難するなど、電子通貨に強く反対していました。

アメリカでは、2019年9月に2人の下院議員がFRB（連邦準備制度理事会）のジェローム・パウエル議長に対して、電子ドルの開発を促す書簡を送りました。11月にパウエル議長から、電子通貨の動向には注目しているもののFRB内部では電子ドルの開発は行っていない、という返信がありました。アメリカでは現金を使う人がまだ多いことや、電子ドルの法的な位置づけなどの問題があることを指摘しています。

トランプ大統領によりFRB理事への指名

を外されてしまったスティーブン・ムーア氏は、「Frax」という電子通貨を発行する計画を2019年10月に公表しています。どれくらいの本気度かはわかりませんが、中央銀行の準備預金に相当する機能を持つようです。もしFraxが広く使われるようになると、Fraxが電子ドルになる可能性もあるでしょう。

再度ヨーロッパに目を向ければ、ドイツのオーラフ・ショルツ財務相やドイツ銀行協会などがデジタルユーロの開発をEUに要求しています。その背景には、仮想通貨やフィンテックがアメリカや中国主導で進められて、ヨーロッパが後進地域になるのではないかという恐れがあるようです。

中国の中央銀行である中国人民銀行はデジタル元のパイロットプログラムを2020年にも始めたいと公表しています。

## ● 電子通貨は金融システムを変える

上述のように金融関係者が電子通貨に反対の姿勢を示していた理由は、電子通貨が金融システムにどのような影響を与えるのか計れないというものでした。特に、電子通貨をスマートフォンのアプリなどで管理できるようになると、多くの人々が銀行口座を解約するかもしれません（レッスン12）。これまで銀行は、大きな

役割を果たしていましたが、その役割が小さくなる可能性があります。電子通貨が広まった世界では、「企業は銀行から借り入れをするのか」「金融市場から銀行がいなくなった場合に誰が穴埋めをするのか」「金融政策の効果はどうなるのか」といった未知の要素がありすぎるのです。

## ⓘ COLUMN

### 通貨は誰が作るのか

通貨は人々の間の取引を円滑にするために発明されたものです。古くから、取引参加者の間で認められたものが通貨の役割を担いました。歴史上は石や貝などが通貨の役割を果たしたことは第1章のコラムでも述べた通りです。石や貝は誰でも拾ってくることができます。当時は通貨の製作者が特に決まっていたわけではありません。

時が流れ、人々が社会を形成して都市や国家が形成されてくると、通貨の発行は政府が担うようになります。しかしそれでも、地域社会や小さなコミュニティの間では、独自の通貨が流通していました。現在でも世界中でさまざまな地域通貨が発行されています。

20世紀に活躍したオーストリアの経済学者フリードリヒ・ハイエクは、通貨の発行を国家が独占するのはおかしいという「貨幣発行自由化論」を提唱しました。ハイエクは誰でも自由に通貨を発行できるようにして、競争を促せばよいと考えたのです。

国家には通貨を乱発したいという誘因があります。通貨を乱発すれば物価が上昇します。たとえばペットボトルの水が1本100円であれば、1,000億円の借金は水10億本分ですが、水の価格が200円になれば1,000億円は水5億本分になります。物価上昇は国家の借金の実質価値を下げることになりますが、ハイエクはこのような人為的な操作を嫌ったのです。

現在の社会体制では、通貨は国家が作るものであり、電子通貨には大きな期待がかかります。しかし「国家が通貨を作らなければならない」というのは、あくまでも現在の私たちの常識にすぎません。安心して使える安全な支払い手段の提供者を国家に限る必然性はないのです。

> ハイエクがビットコインを見たら驚いたでしょう。さすがにハイエクも管理者がいない通貨は思いつかなかったのではないでしょうか。

# Chapter

# 5

# キャッシュレスで 生み出されるデータ

キャッシュレス支払いでは、私たちが支払いをしたという情報が作成されて送信されます。情報が作成される場面から、情報の送信、管理までの流れを追ってみましょう。

[支払い情報]

# 37 支払い時に送信される情報を知る

**このレッスンの
ポイント**

キャッシュレスで支払いすると、さまざまな情報が送信されます。このレッスンでは、日本で最も決済金額の大きいクレジットカードで私たちが店頭で支払いをする場面から解説を進めていきます。

## ⚫ ①カードを提示する

買い物をしてレジに並んでいるところから始めましょう。レジには買い物した金額が表示されています。カードで支払うことを告げると、店員がカード払いの準備をします。日本では、①カードの磁気部分を読み取り機の溝に滑らせて（「スワイプ」といいます）レシートにサインする、②端末に差し込んでPINコード（暗証番号）を入力する、③読み取り機にタッチして支払う、という3種類の決済手順があります（図表37-1）。

レジの機械はカードが本物かどうか確かめるために、カード番号などの情報をカード会社に問い合わせます。クレジットカードを使うと数秒待たされるのは問い合わせのための時間が必要だからです。

▶ **3種類の決済手順** 図表37-1

カードをスワイプする

PINコードを入力する

カードをタッチする

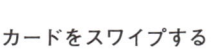

店頭でのクレジットカード支払いにはこれらの手段がある

# ②支払い情報が送信される

店頭の端末によって読み取られたカード番号、支払金額、加盟店番号（店舗の情報）などの情報は、インターネットを通じてカード会社に届けられます（図表37-2）。インターネット上を流れる情報は、攻撃者に読み取られるリスクがあります。カード番号が流出すれば、他人にカードを使われてしまう可能性があります。それを防ぐために、情報は暗号化されて送信されます。暗号化技術は私たちの安全な支払いに欠かせません。

▶ **支払い情報の流れ** 図表37-2

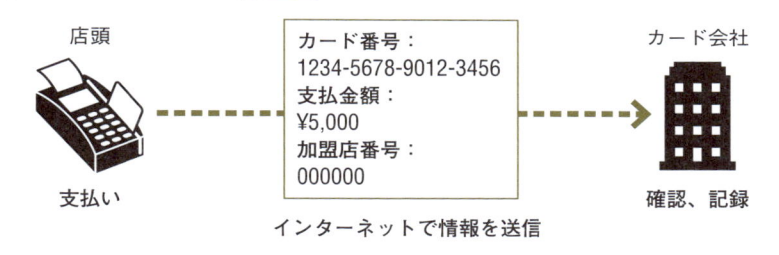

店頭

カード番号：
1234-5678-9012-3456
支払金額：
¥5,000
加盟店番号：
000000

カード会社

支払い

確認、記録

インターネットで情報を送信

# ③カード会社に情報が届く

カード会社は、届いた情報をもとに店舗への支払金額とユーザーへの請求金額を記録します。日本では、1回払い（一括）、分割払い、ボーナス一括払いなどさまざまな支払い方法が選択できるため、請求金額の情報も支払い方法に応じて記録されています。
カード会社に記録されるのは支払額だけではありません。どこで、何を買って、いくら使ったかなどの情報も記録されます。この情報から個人のライフスタイルをある程度把握でき、おすすめ商品のダイレクトメールを打つこともできるほか、不正利用の防止にも役立っています。私もオンラインで北欧の電車の切符を買ったときにカードがロックされ、確認の電話がかかってきた経験があります。東京に住んでいる人が北欧の電車の切符を買うのはおかしいとAIが判断したのでしょう。非常に煩わしいですが、カードの安全性を保つための方策です。

> 日本では支払い方法が選べますが、外国では店頭では1回払いで処理し、請求額の支払いはリボルビング（リボ払い）というパターンが主流です。

# Lesson 38 ［デビットカード、電子マネー］
# デビットカードと電子マネーの決済の流れ

**このレッスンの
ポイント**

> デビットカードも電子マネーもカードをかざすとすぐに支払いができます。しかし、デビットカードは銀行預金に連動しており、両者の背後で動くメカニズムは異なります。基本的な仕組みを確認しておきましょう。

## ● デビットカードでの支払い

デビットカードでの支払いもクレジットカードと似ていますが、銀行口座から即時引き落としが行われるため残高の確認作業が入ります（**図表38-1**）。カードが本物かどうか確認すると同時に、口座残高が十分にあるかどうかも確認されます。たとえば5,000円の買い物をするのに、口座残高が4,000円しかなければエラーが返ってきて、支払いできないということになります。

▶ **デビットカードの支払いの流れ** 図表38-1

店頭

銀行口座に問い合わせ →

銀行

← 決済指示

支払い

カードの読み取りと同時に銀行口座の残高をチェックする

> デビットカードはスマートフォンのアプリにもなっています。アプリは銀行に対して残高確認や送金を指示しますが、そのためのプログラムを API（Application Programming Interface）といいます。

Chapter 5 キャッシュレスで生み出されるデータ

## ● 電子マネーでの支払い

多くの電子マネーでは、あらかじめカードにチャージされた金額しか使えずカード番号もありません。店頭ではチャージ残高だけ確認すればよいため、カード会社への問い合わせが不要で、支払いまでの時間を短縮できます（**図表38-2**）。そのメリットがある反面、そのカードを本人が使っているかどうか、不正利用されているのかどうか判断できません。最近はポイントプログラムと紐づけるために、登録が必要な電子マネーが増えてきましたが、これは不正利用対策の役目も果たしています。

▶ 電子マネーの支払いの流れ `図表38-2`

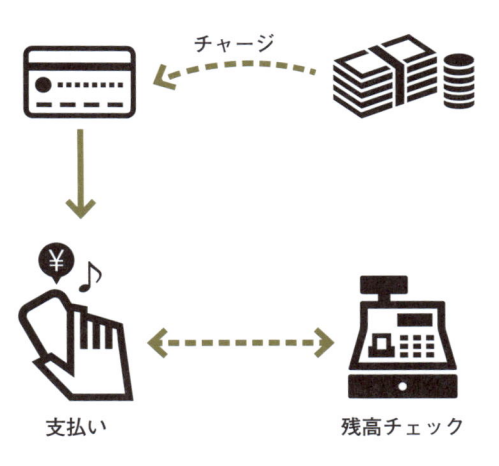

チャージ

支払い　　　　残高チェック

カードに記録されたチャージ残高をチェックする

---

---

### 👍ワンポイント　キャッシュレスは犯罪者にとっても便利

犯罪で取引される商品は、麻薬など形のあるものから児童ポルノ画像やクレジットカード情報、コンピューターウイルスなどデジタルなものへと広がっています。これらの取引は国境に関わりなく行われるため、支払いも国境を越えて行われます。

犯罪者にとって最も重要なのは、取引を追跡されないことです。現金には匿名性があり、船などで運び出せば国境を越えることも容易です。しかし多額の現金の持ち運びは不便であり、紛失などのリスクもあります。支払いがデジタル化すれば、取引の利便性が高まります。私たちにとって便利な支払い手段は犯罪者にとっても便利なのです。

# 39

# コンタクトレス決済の仕組み

このレッスンの
ポイント

日本では交通機関が改札で取り入れたことから普及が進んだコンタクトレス決済。カードをかざすだけで情報がやりとりされ、**PIN**コードも不要という**速さと利便性が特徴**です。この仕組みと課題を見ていきましょう。

## ⭕ コンタクトレス決済とは？

クレジットカードやデビットカードでは、カードを端末にスワイプしたり差し込んだりして情報を読み取ります。つまり、読み取りのためにカードを物理的にくっつける（＝コンタクトする）必要があるわけです。カードと端末の間を無線でつなげられたら、コンタクトする必要がない「コンタクトレス決済」が可能になります。

コンタクトレスのカードで使われている無線技術は「NFC」（Near Field Communication：近距離無線通信技術）と呼ばれています。通信を行うためにはカードに電力を供給する必要があり、店舗の端末から電波を飛ばして、カード内の「NFCタグ」という回路で電波をキャッチし、電波を電力に変換することで無線通信を行っています（図表39-1）。この方法ならカードに電池を搭載しなくても通信できます。

▶ **NFCの仕組み** 図表39-1

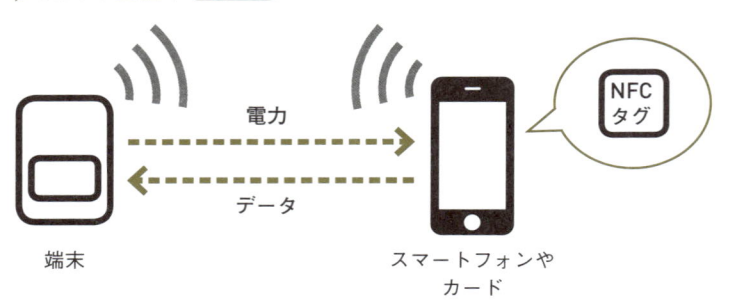

近距離での通信が行えるNFC。少ない電力で動作する

## ● NFCの2つの通信規格

日本ではNFCというより「Felica」（フェリカ）といったほうが通じやすいかもしれません。これはNFCの通信規格の1つで、JR東日本のSuicaなどで幅広く採用されています。最近ではFelicaはiPhoneなどの一部スマートフォンや、香港のオクトパスカードでも採用されています。Felicaの最大の特徴は通信速度が速いことで、交通系の電子マネーでは0.1秒以内での処理も可能です。なお、「NFC-F」と表示される規格もFelicaを指します。

海外ではオランダで開発されたTypeAとアメリカで開発されたTypeBという規格が普及しています。セキュリティレベルの高さが特徴ですが、通信速度はFelicaの約半分です。NFC-A、NFC-Bと表示されることもあります。

残念ながら、日本の規格と海外の規格には完全な互換性はありません。ただ、近年はすべての規格に対応した端末が開発されており、不便さは解消されつつあります。

> Suica や PASMO などの通信技術は公開されており、ドアの鍵などに応用されています。

## ● カードのICチップ、RFID

カードには金色や銀色の四角い部分がありますが、ここにICチップが搭載されています。　このチップは「RFID」（Radio Frequency Identification）という無線通信に対応しており、カードの情報を端末に送信しています。RFIDは商品タグなどと

して幅広い分野に応用されている技術です。ICチップには記憶領域があり、ここにカードの情報が入っています。磁気ストライプよりも情報量が多く、暗号化されているためセキュリティ上も有利です。

---

### 👍 ワンポイント　インプラントチップ

RFIDチップは小さいので、カード以外の支払い方法にも応用できます。たとえばヨーロッパでは手に無線チップを埋め込む「インプラントチップ」を試す人が増えています。手の甲を出して親指と人差し指の間を触ると、みずかきの部分にスペースがあります。ここ

に長さ1〜2cmのカプセルを埋め込みます。カプセルの中にはRFID通信ができるチップと電池が入っています。現在は鍵として使われていますが、チップにカード情報を紐づけて支払いに使うことも技術上可能です。

# 40 QRコードの仕組み

QRコードの「QR」は、Quick Responseの略で、<u>情報を</u><u>すばやく読み取るための工夫</u>です。キャッシュレスでは支払先の情報を打ち込まずに済ませるための道具として使われています。

## ⭕ QRコードとは

QRコードは、数字や文字などの情報を二次元コードとして表したものです。縦棒が並んだバーコードは一次元ですが、QRコードは縦と横のマトリクス（「セル」といいます）上に情報を表示するため、バーコードよりも多くの情報を、より小さい領域に表せます（図表40-1）。なお、日本でキャッシュレス支払いに使われているQRコードには12桁程度の数値データしか入っていません。

▶ **QRコード** 図表40-1

https://book.impress.co.jp/

QRコードの例。このQRコードには「https://book.impress.co.jp/」という情報が書き込まれている

QR コードはデンソーが発明したもので、デンソーウェーブの登録商標です。

## QRコードの規格

QRコードには 図表40-2 のように、いくつか規格があります。わかりやすい違いは、セルの数で、多いほど多くの情報を扱えます。モデル1と呼ばれる初代のQRコードの場合、最大で1,167桁までの数字を扱えましたが、現在主流のモデル2では、7,089桁も扱えます。セルの数は「バージョン」ごとに異なり、一番小さなバージョン1は21×21個のセルで構成され、以降、セル数が縦横4つずつ増えるごとにバージョンが上がり、最大のバージョン40は177×177となります。

QRコードは印刷して使うことも多く、汚れなどによる読み取り不良の対策が施されているのも特徴です。これを「誤り訂正」といって、訂正レベルを高くするほど汚損に強くなりますが、書き込める情報量が少なくなります。

たとえばモデル2のバージョン5で、誤り訂正レベルを下から2番目のMにした場合、数字だけなら202文字、英数字だと122文字、漢字や平仮名だと52文字の情報を盛り込むことができます。

### ▶ QRコードの規格 図表40-2

| 種類 | モデル1 | モデル2 |
|---|---|---|
| バージョン | 最大14<br>（数字1167桁） | 最大40<br>（数字7089桁） |
| 誤り訂正レベル | L、M、Q、H | L、M、Q、H |

右のQRコードはバージョン1とバージョン40の例。セル数などは大きく異なるが、どちらも「cashless」と書き込んである

バージョン：1
誤り訂正レベル：L

バージョン：40
誤り訂正レベル：H
※ サイズは縮小してあります。

## 活用の幅が広いQRコード

キャッシュレスで利用されるQRコードは支払先情報をコード化したもので、幅広く応用されています。レッスン13で紹介したスウェーデンのSwishでは、当初は相手の電話番号を数字で入力する必要がありましたが、手で入力するのは面倒でも

あり、入力ミスも起きやすいことから、QRコードが使えるようになりました。レッスン16で紹介した中国のAlipayやWeChat PayでもQRコードが使われています。また、仮想通貨のビットコインも紙に印刷したQRコードで保管できます。

> QRコードは支払先情報を記号化したものであり、銀行預金や電子マネーのような支払い手段ではありません。「QR決済」という言葉は誤解を生みやすい表現です。

## ● QRコードの種類① 「静的QRコード」

QRコードは、前述した規格上の違い以外に大きく2つの種類――静的QRコードと動的QRコードに分けられます。紙に印刷して掲示するタイプのQRコードを静的QRコードといい、作成が簡単で店舗は専用の端末を準備しなくてよいことから主にアジアで人気が高まりました。日本でもかなり広く普及しています。最大の利点はコストの低さですが、紙に印刷しただけなのでコードのすり替えが容易になるという安全性の問題点を抱えています。

## ● QRコードの種類② 「動的QRコード」

一方の動的QRコードは安全性を高めたもので、スマートフォンなどの画面でそのつど生成して表示するタイプのものです。主に3種類の利用形態があり、消費者のスマートフォンにQRコードを表示させて店側の端末で読み取る方法、店のタブレットにQRコードを表示させて消費者のスマートフォンで読み取る方法がよく使われています。もう1つ、見た目は静的QRコードと似ていますが、紙に印刷されているのではなく、液晶画面に表示するタイプもあります。液晶画面では1分ごとなど定期的にQRコードが変化するようになっており、やはり消費者のスマートフォンで読み取ります（**図表40-3**）。

店舗側にとって最もコストの低いのは第3の方式です。印刷したQRコードのように、レジ前に表示しておくだけで済みます。ほかの2つの方法は店舗側が端末を準備する必要がありますが、最近はタブレットでもQRコードを読み取れるので、専用端末を買う必要はありません。

▶ **動的QRコードの活用例** **図表40-3**

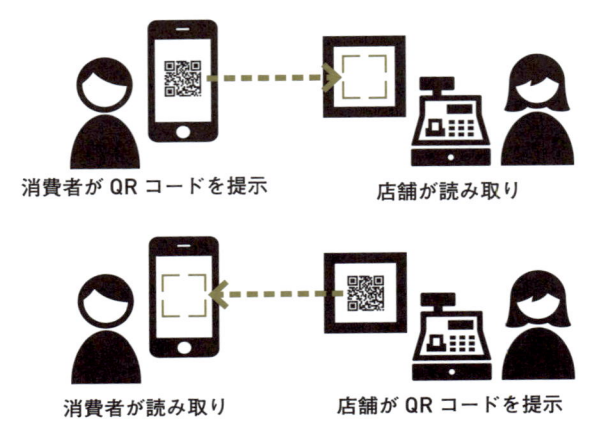

消費者が QR コードを提示　　店舗が読み取り

消費者が読み取り　　店舗が QR コードを提示

スマートフォンで行ういわゆるQR決済は、動的QRコードを用いたもの

## 静的QRコードの問題点とその対策

静的QRコードは、前述のとおりすり替えられてしまう可能性があるのが弱点です。中国では本物のQRコードの上に偽物のQRコードを貼りつけるという事件が多発しました。この問題を受けて、中国では2018年4月より静的QRコードの決済額は1日当たり500元に制限されています。

日本では静的 QR コードが幅広く利用されていますが、動的 QR コードへの早急な転換が望まれます。

## QRコードの規格作りを

QRコードは業者によりバラバラに設計されているという問題もあります。QRコードの統一化も進められていますが、既存の規格の擦り合わせに苦労しているようです。そうであればまったく新しい規格にすればよいのです（図表40-4）。キャッシュレス化がどのように進むのか、現時点では不明なところも多いため、あとで意味を追加できるような領域を設けておくのがよいでしょう。

▶ 新しいQRコード 図表40-4

国・地域番号：4バイト
決済種別番号：4バイト
PSP番号：4バイト
口座番号：8バイト
暗号キーのサフィックス：4バイト
メッセージ領域：16バイト
拡張領域1：4バイト
拡張領域2：8バイト
拡張領域3：16バイト

このように、記録する情報の
規格を統一することが大切

### 👍 ワンポイント　QRコードの中身

QRコードの中身は、テキストデータです。静的QRコードの場合はテキストデータは固定されているため変更できませんが、動的QRコードの場合はデータベースでテキストデータを管理しているため、変更できるといった特徴があります。

# 本人確認の重要性を理解する

このレッスンの
ポイント

キャッシュレス支払いを始めるためには、個人情報や口座情報などをカード会社などに登録する必要があります。そもそもなぜ登録する必要があるのか、どのような情報が登録されるのか見ていきましょう。

## ○ 本人確認とは

本人確認とは、サービスの利用を開始するときに 図表41-1 のようなユーザーの情報を登録することです。本人確認が必要な理由は主に2つあります。第1は、ユーザーの経済力を確認するためです。たとえばクレジットカードの場合、カード会社はユーザーの代わりに立て替えて店舗に支払います。クレジットカード会社からすると、そのユーザーがきちんと返済してくれるかどうか事前に確認する必要があります。登録時に入力された職業な

どの項目からスコアを算出し、評価して、登録を受けつけるかどうかを決めるのです。

第2は、犯罪利用の防止です。犯罪者はさまざまな取引を行っており、送金が欠かせません。現金の移動だけでは都合が悪いため、銀行口座などキャッシュレスな支払い手段を欲しがります。口座開設時に厳しく本人確認（身元確認）を行うことで犯罪を抑制できるというわけです。

▶ 本人確認の項目例 図表41-1

| 職業 | 住所 | 信用 |
|---|---|---|
| 安定的な収入が得られる職業か、反社会勢力に参加していないか | 本当に申告した住所に居住しているか | 過去に支払いが滞っていないか |

こういった情報のほか、家族構成などが確認される場合もある

# ○ 本人確認のキーワード「KYC」「CDD」「AML/CFT」

本人確認を理解するうえで知っておくべきキーワードがあります。図表41-2 に挙げた「KYC」「CDD」「AML/CFT」の3つです。KYCは「Know Your Customer」の略で、口座開設の際の本人確認を指します。オンライン上で確認作業を済ませるe-KYCという仕組みも普及しつつあります。続いてCDDは「Customer Due Diligence」、顧客確認という意味です。デューディリジェンスは査定をするという意味で、企業価値の算定などでも使われる言葉です。ユーザーの名前だけでなく、職業や信用状況などから総合的に判断して顧客とし

てふさわしいかをチェックします。AML/CFT は「Anti-Money Laundering/Countering the Financing of Terrorism」の略で、反社会勢力に資金が使われないようにするためのチェック項目のことです。アルファベットと英語だらけで難しいですが、よく使われる用語なので覚えておいて損はないでしょう。

また、オンラインでの本人確認に欠かせない仕組みとして「デジタルID」があります。これは運転免許証のようなオンライン上での身分証明書となるものです。

▶ 知っておくべき3つのキーワード 図表41-2

- **KYC（Know Your Customer）**：口座開設時の本人確認
- **CDD（Customer Due Diligence）**：顧客としてふさわしいか
- **AML/CFT（Anti-Money Laundering/Countering the Financing of Terrorism）**：反社会勢力でないか

これら3つのキーワードは本人確認の理解に欠かせない

銀行口座やクレジットカードを申し込むたびに本人確認するのは不便です。そこで、私たちのデータをブロックチェーンなどのデータベースに登録しておき、申し込みがあった金融機関がデータベースを参照することで本人確認を済ませてしまおうという取り組みもあります。

## 👍 ワンポイント スマートフォンの利用料金に注意

スマートフォンの利用料をクレジットカード払いにしている人は多いですが、本体を一括で購入していない人は、利用料金に本体代金の返済金額、つまり借金が含まれています。このような場合に残高が足りずに引き落としに失敗すると、「借金を返せない」という履歴が残ってしまいます。キャッシュレスになると、さまざまな情報が履歴として残ることを意識しましょう。

# 42

# 本人認証は安全性と利便性の バランスが大切

**このレッスンの ポイント**

本人認証は、支払い時に、そのサービスに登録した本人が 本当に支払いを行っているのかチェックするものです。認 証の安全性を高めると利便性が損なわれるため、これを両 立することが課題です。

## なぜ本人認証が必要なのか

本人認証が必要な理由は、端的にいえば 犯罪の防止にあります。店舗でカードを 提示している人が本当にカードの正当な 持ち主なのか、チェックが欠かせません。 日本で2019年7月、大手小売り企業が始 めた決済サービスで、本人認証が甘く不 正アクセスにつながる事件が起こったこ とは記憶に新しいでしょう。特にECでは 相手の顔を見ることもできません。アク セスしている人が本人なのか、見極める 必要があります。

図表42-1はイギリスの統計ですが、2018 年には6億7,000万ポンド（約1,000億円） の詐欺被害が発生しています。被害率は 0.084％と低いですが、被害額は増加傾向 にあります。偽のECサイトなどに誘導し てカード番号を入力させ、盗んだ番号で 本人になりすまして支払いを行う被害も 増加しています。本人認証の強化が欠か せません。

▶ **決済に関わる詐欺被害** 図表42-1

|  | 2009年 | 2018年 |
|---|---|---|
| 通販・EC | 266.4百万ポンド | 506.4百万ポンド |
| 紛失・盗難 | 47.2百万ポンド | 95.1百万ポンド |
| カードID取得 | 38.1百万ポンド | 47.3百万ポンド |

出所：UK Finance, fraud the facts 2019

これらの被害を減らすには、本人認証の強化が必要

## ⭕ 本人認証の3要素

本人認証には3つの方法があります。ここでは、EUのPSD2（第二次決済サービス指令）で2019年9月に導入されたSCA（Strong Customer Authentication）という方式を見てみましょう。PSD2では本人認証に必要な要素は「デバイス」「知識」「生得情報」の3つとされ、支払い時にはこのうち少なくとも2つの要素を確認することが求められます（図表42-2）。

私たちがATMに通帳やキャッシュカードを挿入して暗証番号を入力してお金を下ろすのは、デバイス（＝通帳、キャッシュカード）と知識（＝暗証番号）の2要素認証ということになります。

▶ **本人認証の3要素** 図表42-2

**デバイス**

通帳、キャッシュカード、ICカード、スマートフォンなど本人の所有物

**知識**

パスワード、PINコードなど本人しか知りえない情報

**生得情報（生体認証）**

指紋、静脈、虹彩、顔など本人の身体的特徴

## ⭕ 確認と認証の違い

本人確認と本人認証は似たような言葉ですが、意味が違うのでおさらいしておきましょう。本人確認はサービス開始時に行う登録であり、本人認証はサービス利用時のチェックです。基本的には本人確認は1回だけ、本人認証は支払いのたびに毎回行います。

---

> 👍 **ワンポイント**　**2要素認証と2段階認証**
>
> 2要素認証と似た言葉に2段階認証があります。前者は複数の要素を組み合わせて本人認証を行う仕組みであるのに対し、後者は認証プロセスを2段階で行うものです。よくあるのが、サービスにログインするためパスワードを入力すると、スマホにSMSで暗証番号が送られてきて、その暗証番号をさらに入力するとログインできる、ワンタイムパスワードという仕組みです。2段階認証では、パスワード＋ワンタイムパスワードという組み合わせもあるため、必ずしも2段階認証＝2要素認証というわけではありません。

## ⬤ キャッシュレスにおける本人認証の課題

2要素認証の問題点は、ユーザーエクスペリエンスが大幅に低下することです。現金ならすぐに支払いできるのに、2要素認証を備えたキャッシュレス支払いだと余計に時間がかかってしまいます。PSD2では、コンタクトレス決済にも規制が課せられています。クレジットカードやデビットカードでのコンタクトレス決済では、1回50ユーロ未満の買い物でPINコードの入力が免除されます。しかし、累積150ユーロごと、または支払い5回ごとにPINの入力が求められるようになります。この措置はユーザーエクスペリエンスをかなり低下させます。安全性を確保するためとはいえ、店舗側の準備も必要なため、EBA（欧州銀行監督局）は完全な施行を2020年末まで延長するロードマップを公表しています。

> 日本の電子マネーのカードにも同じような規制が求められるようになるでしょう。交通系のカードなどは駅の券売機で匿名で購入でき、PIN コードも必要ありません。AML の問題、なりすまし利用の問題を解決する必要があります。

## ⬤ 技術が安全性と利便性の両立を実現させる

こうしたことから、安全性と利便性の両立が今後の課題といえます。たとえばアップルウォッチでは、時計を腕につける際にPINコードを入力しておけば、時計を外すまでは改めてPINを入力する必要がありません。腕をすり替えることはできないからです。これでデバイスと知識の2要素認証になります。また、インプラントチップは本人の手の中にあるため、デバイスと生得情報の2要素認証になります（図表42-3）。こういった工夫によって、支払いのたびに2要素認証をする必要がなくなり、デバイスをタッチするだけで支払いできます。

▶ **2要素認証の手間をなくす** 図表42-3

デバイス＋知識

デバイス＋生体情報

> 技術が発達すれば、本人認証の手続きはもっと簡単になるでしょう。

既存の技術の組み合わせで2要素認証の手間を少なくし、利便性を高める

## ○ 期待がかかる生体認証技術

生体認証（Biometrics）は次世代のキャッシュレス決済に欠かせない技術として期待されています。中国では顔認証が広く普及し、近い将来、QRコードの利用を上回ると考えられています。

生体認証として用いられる要素には、**図表42-4** のようにさまざまなものがあります。たとえば、「デバイスの傾け角度」。私たちがスマートフォンなどを持つとき、水平ではなく前後左右にわずかに傾いています。その度合いは人によってそれぞれ異なるため、その角度を本人認証に使おうという仕組みです。

### ▶ 生体認証の種類 **図表42-4**

**キーストローク認証**

人によるキーボードの打ち方の違い

**デバイスの傾け角度**

スマートフォンを持つときの傾き

**指紋・虹彩**

指、目の瞳の周りの模様のパターン

**掌形・顔認証**

手や顔の形をスキャンする

**音声認証**

声を出すときの音波

**静脈認証**

主に指の内側の血管のパターン

## ○ 情報漏洩のリスクも

生体認証は非常に強力な認証手段だといえますが、問題も多くあります。たとえば **図表42-4** の「キーストローク」は普段使っているPCにキーロガー（キーボードの入力を記録するアプリ）が仕掛けられると解析可能になります。また、私たちが素手で物に触れば指紋が残り、そこから指紋認証が破られることも考えられます。将来は私たち個人のDNAが認証手段になるかもしれませんが、私たちは毎日多くの髪の毛や皮膚のかけらをあちこちに落としています。このように、思わぬところで生体認証情報が漏れてしまう可能性があるのです。

> このほかにも私たちが積極的に生体認証情報を流出させているという問題もあります。くわしくは本章末のコラムで説明しましょう。

# 43 [3DS]
# ECサイトの「カゴ落ち」を防ぐ認証方法

**このレッスンの
ポイント**

EC（オンラインショッピング）ではクレジットカードなど
を使って支払いをしますが、対面での本人認証はできません。
より安全性の高い方法が必要ですが、<u>安全性を高くすると
ユーザーエクスペリエンスを大幅に低下させます。</u>

## ○ ECサイトは不便

デンマークの調査会社Baymard Instituteによると、<u>主要なECサイトでの平均カゴ落ち率は69.57%</u>とのことです。「カゴ落ち」とは、「購入」ボタンを押したものの、最終的には買わなかった（決済完了までいかなかった）ことを意味します。図表43-1のように、さまざまな理由からカゴ落ちが発生しており、ECサイトの改善の余地がかなり大きいことがうかがえます。

▶ カゴ落ちの理由 図表43-1

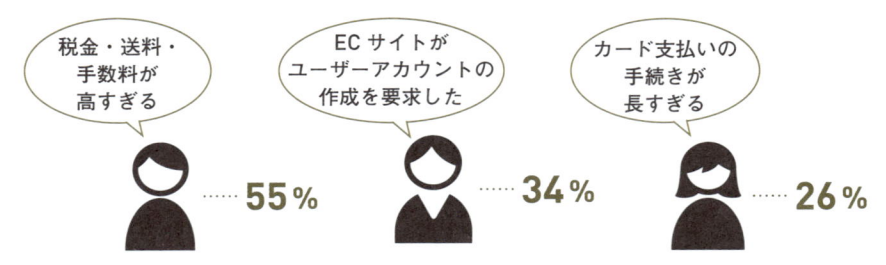

税金・送料・
手数料が
高すぎる ····· **55%**

EC サイトが
ユーザーアカウントの
作成を要求した ····· **34%**

カード支払いの
手続きが
長すぎる ····· **26%**

出所：Baymard Institute, 41 Cart Abandonment Rate Statistics.
26%もの人がECサイトでのカード支払い手続きを理由に「カゴ落ち」している

購入手続きがワンクリック追加される
だけでもカゴ落ちは発生します。

## ● カード払いの安全性を高める方法

ECサイトでは、カード番号、有効期限、カード保有者名、セキュリティコード（カード裏面の署名欄に記載されている3〜4桁の数字）を入力しますが、拾ったカードでこれらすべての情報を入力することができます。そのためセキュリティコードを入力させるだけでは本人認証としては不十分です。

そこで、3DS（Three Domain Secure）という仕組みがあります。ECサイトでクレジットカード番号やセキュリティコードを入力した後に、別画面でパスワードを追加入力するものです。3DSの「D」（Domain）とはこの仕組みに参加する企業のことを指し、ECサイト、カード会社、両者をつなぐサービス事業者の3者が関わるという意味があります。

3DSは安全性が高い本人認証手段ですが、パスワード入力を嫌ったカゴ落ちが多く発生することが知られており、導入しているECサイトは世界的に見ても少数派になってしまっています。どんなに安全であっても利便性を損なうと利用されません。

そこで、近年普及しつつあるのが3DS2.0です（図表43-2）。これは、ECサイトでの支払いや送付先の情報からAIが「問題あり」と判断したケースでのみパスワード入力を求めるものです。通常は、同じPCやスマートフォンからECサイトにアクセスし、同じ住所に商品の配送を依頼します。しかしこれまで蓄積された行動パターンと異なるパターンをAIが見つけると、追加のパスワード入力画面が現れます。3DS2.0により、ほとんどの人ははじめの数回だけパスワードを入力すればその後はパスワード入力を省略でき、安全性と利便性の両立を図ることができます。

### ▶ 3DS2.0の働き 図表43-2

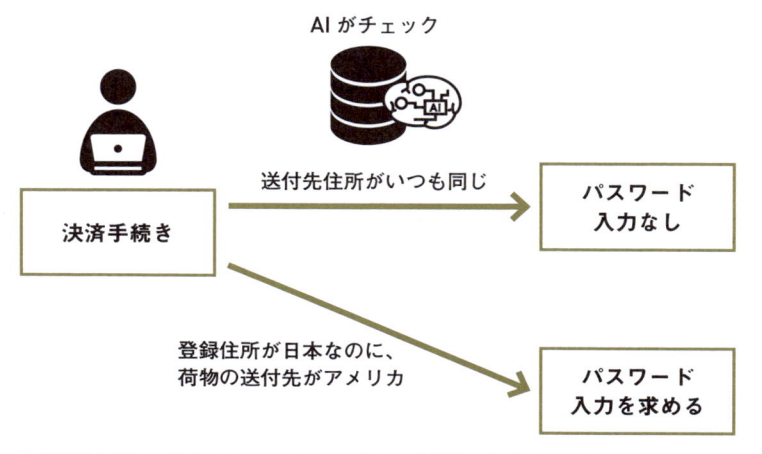

AIが通常と異なる行動パターンをチェックして自動的に認証を強化する

# 44

[クレジットカード]

# クレジットカードの安全性を高める取り組みを知る

**このレッスンの
ポイント**

クレジットカードは、キャッシュレス支払いの手段として定着していますが、番号を読み取られたり、古いカードでは磁気から情報を抜き取られたりといった問題があります。クレジットカードの課題や新しい取り組みを紹介します。

## ⬤ 古いクレジットカードは危険

クレジットカードは、日本におけるキャッシュレス支払い方法の主流ですが、いまだに古いタイプのカードが多く残っており、セキュリティ上のリスクが高いといえます。

クレジットカードには14〜16桁の番号がつけられていますが、この番号が知られてしまえば、本人になりすまして支払いできてしまいます。また、日本では昔ながらの磁気テープ式のカードがまだ多く流通しており、スキミングの被害に遭う可能性もあります。「スキミング」とは磁気テープの情報をスキマーと呼ばれる専用端末で読み出すことです。いくら自分が気をつけていても、ATMなどのカード挿入口にスキマーが精巧に仕込まれているようなケースでは被害を防げません。このあと述べるICチップなど新しい技術を用いたカードに切り替えるべきです。

日本のデパートなどでは、クレジットカードを店員に預け、店員が中央レジで支払いの操作をすることがありますが、これも安全性の低い方法です。クレジットカードは他人に見せるものではなく、一時的にでも手渡すべきではありません。

## ⬤ これからのクレジットカード

最近は多くのカードに金色や銀色の「EMVチップ」というICチップが搭載されています（図表44-1）。ICチップ部分にプログラムを載せることができ、安全性が高まるとともに偽造も困難になっています。日本では2016年の割賦販売法の改正により、2020年3月までに磁気ストライプのカードをEMVチップのものに置き換えることになっていますが、端末の入れ替えに時間がかかると予想されます。日本では磁気テープ式のカードをスワイプして署名を電子ペンで行うという、変なところだけ技術が進化していますが、早急にEMVチップに移行すべきです。

▶ **EMVチップのイメージ** 図表44-1

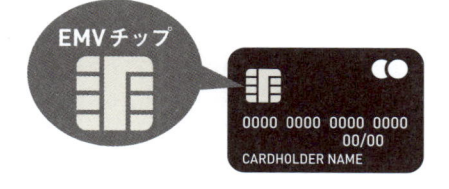

カード表面の左上あたりにある金色や銀色のチップがEMVチップ

## ⬤ 支払い情報の保護

店舗やECサイトでクレジットカード払いを選択すると、カード会社に支払い情報が送信されますが、この際にカード番号などを読み取られるリスクがあります。有力な対策が、トークン化（トークナイゼーション）です。カード番号などを「トークン」という意味のない数値に置き換えて、その番号を送信する仕組みです（図表44-2）。

トークン化された情報は意味を持たないので、復号化を試みる意味がありません。

カード会社やデータサービス会社にトークンともとのクレジットカードの番号をデータベースとして保存しておき、トークン化された番号が正しい番号かどうかデータベースに照会することで、安全に情報を処理できます。

なお、「トークン」という言葉には、仮想通貨の仕組みを使って生み出したデジタルアセット（レッスン30）という意味もあります。

▶ **カード番号のトークン化** 図表44-2

| カード番号 | | トークン化 |
| --- | --- | --- |
| 4000 1234 5678 9012 |  | 4000 3482 4618 0298 |

最初や最後の4桁など一部の数字を本人認証のために残すケースもある。

# キャッシュレスの普及に欠かせないリアルタイム決済

このレッスンの
ポイント

店頭ではリアルタイムでキャッシュレス支払いが行われているように見えます。しかし実際には、店頭での支払いから店舗がお金を受け取るまでには時間がかかります。ここでは、**決済のリアルタイム化**の工夫を見ていきましょう。

## ○ リアルタイム決済の必要性

現金の場合、相手に手渡した時点で支払いが完了します。キャッシュレス決済でも、タッチしたりボタンを押したりした瞬間に支払いが済んでいるように見えますが、図表45-1 のように実は決済手続きがすべて完了するまで時間がかかり、店舗やECサイトへの入金が遅れるという負担が発生します。これを低減するのがリアルタイム決済の仕組みです。

支払ったユーザー側の引き落としがリアルタイムで完了するシステムは比較的構築しやすいのですが、店舗がリアルタイムでお金を受け取るのは難易度が高くなります。キャッシュレスを普及させるためには、店舗の負担を減らすことが大切であり、そのためにもリアルタイム決済を実現する必要性が高まっています。

▶ **支払いが完了するまで** 図表45-1

消費者 — 現金 → 店舗

現金は渡すだけでOK

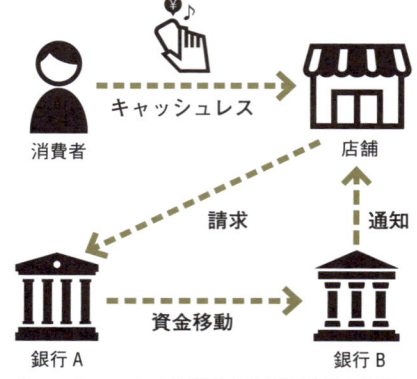

消費者 — キャッシュレス → 店舗

銀行A ← 請求 / 通知 → 銀行B

資金移動

キャッシュレスでは銀行や決済事業者を複数経由して支払いが行われる

## ● お金が届くまでの流れ

銀行で振り込みをしたお金が相手に届くまでの経路を見てみましょう。同じ銀行内であれば銀行のシステム内で処理できますが、振込先の銀行が異なる場合には「決済システム」を利用します（**図表45-2**）。日本には、「全銀システム」と「日銀ネット」という決済システムがあります。日銀ネットは日本銀行が運営しており、リアルタイムでお金の移動ができます。しかし利用料金が高いため、通常は大口の振り込みにしか使われません。一方の全銀システムはネッティング（レッスン1）が使えるため、大口とともに小口の決済でも利用されています。2018年11月には365日24時間稼働が始まり、土日でも振り込みができるようになりました。

▶ **銀行預金の決済システム** 図表45-2

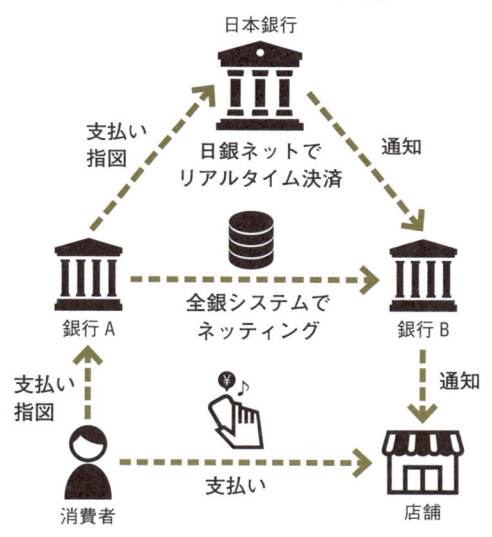

振込先の銀行が異なる場合は、決済システムを利用してお金を移動する

## ● 21世紀に進んだリアルタイム化

日本銀行などの中央銀行が運営する決済システムでは、21世紀にリアルタイム化が進んできました。リアルタイムで逐次決済が行われるという意味から、「RTGS」（Real-Time Gross Settlement）と呼ばれます。

決済の世界では「こちらが先に支払ったのに相手から受け取るまで時間差がある」ということが起こります。このわずかな時間差の間に万が一相手が破綻してしまうと、支払ったのに受け取れないという事態が発生します。これを、1974年に破綻したドイツの銀行の名前を取って「ヘルシュタットリスク」といいます。リアルタイム化はヘルシュタットリスクを低減させる手段でもあります。

NEXT PAGE ➔ |

## ● 個人の支払いもリアルタイム

近年は個人の支払いに対応した決済システムも登場しており、ヨーロッパでは「Fast Payment」と呼ばれています。本当に毎回リアルタイムに資金を動かすシステムもあれば、資金がリアルタイムで動いたように「見える」システムもあります（**図表45-3**）。

たとえばXX銀行に口座を持つAさんが、YY銀行に口座を持つBさんに送金すると、Aさんの画面（PCやスマートフォン）では口座残高が減り、Bさんの画面では残高が増えます。実際には、決済システム内にAさんからBさんへの振り込みのメッセージが保管されており、6時間ごとなど一定時間単位でネッティングが行われます。利便性を保ちつつシステムへの負荷を抑える工夫です。

▶ **リアルタイム決済の裏側** 図表45-3

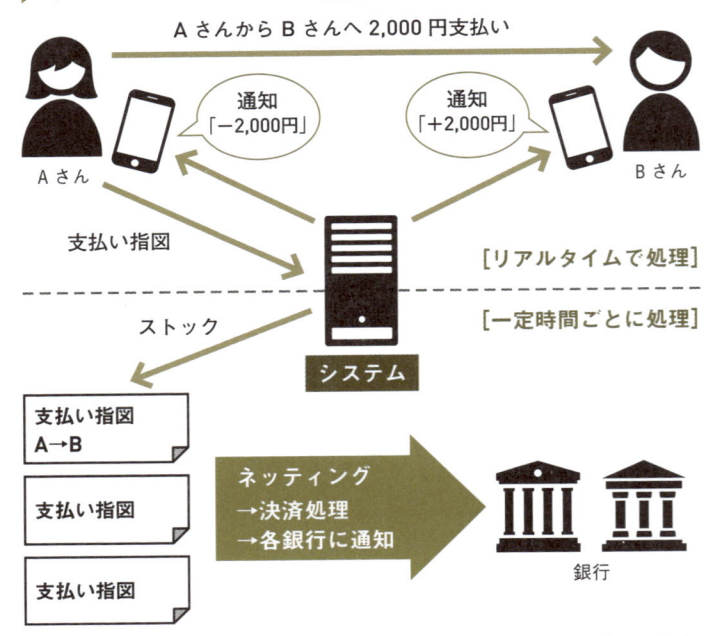

表面上はリアルタイムにお金が移動したように見えるが、システム内では支払い指図が貯まっていき、一定時間ごとにネッティング処理を行う

各国を見てみると、本当のリアルタイム決済ではなく図表のようにリアルタイムに「見える」システムのほうが多いです。リアルタイム決済ではシステムに負担がかかりすぎるためです。

Chapter 5 キャッシュレスで生み出されるデータ

## ○ イギリスでは問題も

イギリスにはAPP（Authorised Push Payments）というリアルタイム決済のシステムがありますが、これを悪用した詐欺が発生しています。メールなどを送って偽サイトから送金させる手口で、2018年には約8万5,000件、3億5,000万ポンドの被害がありました。犯罪者はお金を受け取るとすぐにほかの複数の口座に再送金して現金化するため、被害者がお金を取り戻すのが難しいのです。図表45-4のように、消費者に対して投資案件を持ち

かけたり、宝くじに当選したから手数料を払ってほしいと持ちかけたりする詐欺があります。リアルタイム決済の仕組みを利用した詐欺は今後も増え続けるでしょう。

2019年3月からは、詐欺被害者に対して金融機関などが補償する制度が始まりました。便利なシステムには犯罪者も惹きつけられます。利便性を向上させるだけでなく、消費者保護の仕組みも整える必要があります。

### ▶ イギリスでのAPP関連詐欺（2018年） 図表45-4

| 詐欺の種類 | 件数 | 被害額 |
|---|---|---|
| 偽サイトでの購入 | 5万2,621件 | 4,640万ポンド |
| 偽投資サイト | 3,385件 | 5,010万ポンド |
| ロマンス詐欺 | 1,404件 | 1,260万ポンド |
| 手数料詐欺 | 8,133件 | 1,400万ポンド |

出所：UK Finance, Fraud the Facts 2019.

偽サイトで送金させる詐欺の件数が圧倒的に多い

---

### 👍 ワンポイント　アメリカのFedNow

アメリカでは中央銀行が運営する個人向けのリアルタイム決済システムがありません。この分野を民間に任せようとしたためです。アメリカではデビットカードで支払いを受けた店舗が入金を受けるまでに数日かかるのが普通で、リアルタイム決済の需要は高まっています。

そこで、アメリカの中央銀行に当たるFRB（連邦準備銀行）は2019年8月にFedNowというシステムの開発を公表しました。FedNowは1回当たり2万5,000ドル未満の小口の決済を対象にしたリアルタイム決済システムで、2023〜2024年の稼働を予定しています。

# 46

[暗号技術]

# データの秘匿性を担保する暗号技術

このレッスンの
ポイント

キャッシュレスでは個人情報や購買内容、金額といったさまざまな重要なデータがやりとりされます。そのため、これらの情報が盗み取られないように暗号化して送信する必要があります。ここでは暗号技術の基本を学びましょう。

## ○ 暗号の基本

暗号とは、メッセージ（平文）を人間が読めないように符号化することです。暗号文を作ることを「暗号化」、もとのデータに戻すことを「復号化」といいます。ローマ時代には、 図表46-1 のような「cash」を4文字ずらして「gewl」とするように、アルファベットの文字をずらす

暗号が使われました。このような暗号は作成パターンがわかってしまうと誰にでも解読されてしまいます。現在ではコンピューターの演算速度が上がっているため、パターンの解読も比較的容易です。作成パターンを見破られない暗号を使う必要があります。

▶ 簡単な暗号の例 図表46-1

もとの文である平文を暗号文にすることを「暗号化」、暗号文を平文にすることを「複合化」という

情報を読み取られてもよいけれど内容が伝わらないようにする、というのが暗号化の考え方です。インターネットを経由して情報を送ると、中継地点などで読み取りが可能になるためです。

Chapter 5

キャッシュレスで生み出されるデータ

# ◯ 暗号技術の基礎① 「公開鍵・秘密鍵方式」

暗号をやりとりする基本的な方法として、暗号化や復号化に「鍵」を使う方法があります。鍵を使って暗号化して、同じ鍵を持っていれば復号化できる、という仕組みです。ただし、暗号を解くための鍵を相手にそのまま送信すると、その途中で鍵を盗み見られてしまう危険性があります。

そこで編み出されたのが、「秘密鍵」と「公開鍵」という2つの鍵を使った仕組みです。受信者のBさんにメッセージを送る 図表46-2 の場面で説明しましょう。まずBさんに、暗号化に使う公開鍵と、復号化に使う秘密鍵を作ってもらいます。通常、秘密鍵から公開鍵を作ります。次に、Bさんに公開鍵を送ってもらいます。公開鍵は暗号化にしか使えないので、盗み見られても問題ありません。AさんはBさんの公開鍵を使ってメッセージを暗号化し、Bさんに送ります。Bさんは自分しか持っていない秘密鍵を使えば暗号を復号化できるというわけです。

この方式は公開鍵をインターネット上で公開しても問題がないというメリットがあります。公開鍵では復号化ができないからです。逆にいえば、秘密鍵を盗まれるとすべての暗号を解読されてしまいます。

## ▶ 秘密鍵・公開鍵方式 図表46-2

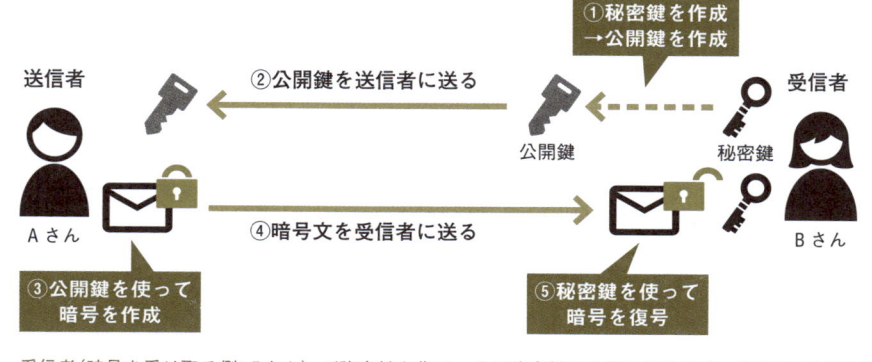

受信者（暗号を受け取る側：Bさん）が秘密鍵を作り、その秘密鍵から公開鍵を作る。送信者（暗号を送る側：Aさん）は送ってもらった公開鍵を使って暗号を作成し、受信者へ送る

鍵は暗号化や復号化のためのアプリを指しています。前述のローマ時代の暗号の場合、公開鍵は「アルファベットを『右側』に4文字ずらす」、秘密鍵は「暗号文のアルファベットを『左側』に4文字ずらす」になります。

# ● 暗号技術の基礎② 「共通鍵方式」

ECサイトでは、支払い情報を送るだけでなく、カートの中身を見るというような双方向の情報のやりとりも発生します。顧客が受信者にも送信者にもなるため、公開鍵方式では顧客とECサイトとがそれぞれ別の鍵を持たなくてはならず、双方向のやりとりには不便です。

こういう場合に使いやすいように、暗号化と復号化の両方の機能を持たせた「共通鍵」があります。しかし、それでも鍵を直接送信する必要があるため、盗み見られるリスクは避けられません。そこで考え出されたのが、秘密鍵と公開鍵を使って共通鍵をやりとりする「共通鍵方式」です（図表46-3）。

まず、ECサイト側で秘密鍵を作り、そこから公開鍵を作ります。次にECサイトは、公開鍵を顧客のパソコンやスマホに送信し、顧客側は独自に作った共通鍵を、受け取った公開鍵で暗号化してECサイトに返送します。その共通鍵を、ECサイトは自分の秘密鍵で復号化するという流れです。こうすることで、両者が同じ鍵を持つことになるため、以降は互いに共通鍵で暗号文を作り、共通鍵で復号化します。これは「SSL」(Secure Sockets Layer) と呼ばれる仕組みです。

SSLは、SSL3.0までバージョンアップした後に、TLS (Transport Layer Security) という規格にアップグレードされています。SSLには深刻な脆弱性が見つかり、現在は使用が禁止されていますが、SSLという名前が普及していることから、一般には「SSL/TLS」と表記されています。

▶ 共通鍵方式 図表46-3

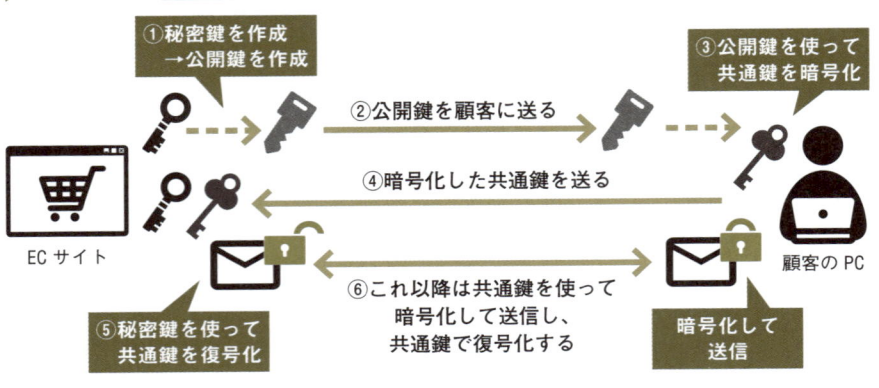

共通鍵方式は、ECサイトなどで一般的に使われている

通常は Web サイトのアドレスは「http://」で始まりますが、SSL/TLS を使っているサイトの Web アドレスは、「https://」で始まります。「http」のあとに「s」がついているサイトは安全性が高くなっているということですね。

## ● 暗号技術の基礎③ 「ハッシュ関数」

メッセージを暗号化するには、「ハッシュ関数」を使うのが一般的です。TLSやビットコインなどでも使われており、たとえば代表的なハッシュ関数「SHA-256」は、「入力する文字列の長さに関わらず32バイトを出力する」という機能を持っています。これだけでは何のことかわかりませんので、まずはバイトという単位から見ていきましょう。

コンピューターの内部では、情報を16進数のデータに変換して処理しています。16進数は「00」から始まって「ff」までが一区切りで、これで10進数の0から255までを表現できます。16進数の2桁の数値を「1バイト」という単位で表し、32バイトでは、0からfまでの数値が64桁並びます。

図表46-4 はSHA-256を使った文字列の変換例です。ポイントは、もとの平文が1文字でも変わると、出力される数値（ハッシュ値）が大きく変わるということです。ローマ時代の暗号と違い、暗号文をたくさん集めても復号化のヒントはまったく得られません。たとえば「cashless」をSHA-256で変換すると、必ず 図表46-4 の①のように出力されます。誰が入力しても同じ暗号文ができるという性質は、ハッシュ関数を公開鍵に利用すれば誰でも同じ暗号文を作れることを意味しています。また、暗号文から平文を類推することは不可能で、秘密鍵を持っている人しか復号化できません。これらの性質が暗号通信に利用されています。

### ▶ SHA-256による変換 図表46-4

①
**cashless** ➞ 162d28a0193118d3e7c79a9b58b14d5d2978bf6c6616b1e3222a543c79530c5b

②
**Cashless** ➞ 3a6ee730d6065cd0c76946b02f608820d993981ba20365f9fcdb74bce805a333

③
**cashless1** ➞ 425cf11dedf8ceee027eb970691ef4cc9a4275a2d4437c0b671eeb3527db56ab

大文字と小文字が違うだけでも、まったく異なる値（ハッシュ値）に変換される。ハッシュ値から平文を解読するのは不可能

> 実際に SHA-256 を使った変換を試せるサイトがたくさんあるのでやってみるとよいでしょう。

## ⬤ 現在のところ、暗号は安全

前述のとおりハッシュ関数には、誰が入力しても同じ文字列に対して同じハッシュ値が出力され、逆に出力されたハッシュ値からもとの文字列を解読するのは、天文学的な回数におよぶ演算処理が必要です。

IDやパスワードを盗むために、適当な文字列をあてずっぽうで何度も入力して、偶然攻撃が成功するのを待つという攻撃があります。現在はコンピューターの性能が高いため、1兆回程度の攻撃は誰にでも簡単に実行できます。たとえばビットコインのマイニングに使われている「ASIC」（エーシック）という機器では、1秒間に10兆回ほどの計算が可能なものもあるほどですが、それでもハッシュ値を解読するのは事実上不可能です。これらの機材が攻撃に転用されたとしても、SSL/TLSを破るのは難しく、現在の暗号技術は安全だと考えてもよいでしょう。

暗号の安全性は攻撃がヒットするまでの試行回数と解読にかかる時間に依存しています。大量の計算が同時に行える量子コンピューターが普及すると、現在の暗号の多くは解読されると見られています。

## ⬤ 秘密鍵の管理は重要

暗号の安全性は、秘密鍵が厳重に保管されていることが前提になっています。パソコンやスマートフォンなどのデバイスにセキュリティソフトがきちんと組み込まれているか、常に最新版にアップデートされているか、不審なサイトにアクセスしていないか、など基本的な対応が大切です。

デバイスには、オンライン銀行やオンライン証券会社のIDやパスワード、クレジットカード番号などが保存されています。セキュリティ対策は怠らないようにしましょう。

## ◯ 技術よりも人間が問題

現在の暗号技術は攻撃から十分にデータを守れます。しかし、攻撃者は鎖の輪の一番弱い部分を突いてきます。そして最も弱い部分は人間です。たとえばこのような逸話があります。オランダの銀行が支店のセキュリティレベルをチェックするために、本店の情報管理者を装ったハッカーを送り込む実験を行いました。ビシッと高級スーツで身を固め、本店の社員証を持ったハッカーが「セキュリティチェックのために全PCにチェック用の USBを差す」といったところ、ほとんどの支店のPCにUSBメモリを差し込めたそうです。

この場合の対策は、本当に本部から派遣された人なのか確認するだけで済むものです。USBメモリはウイルスに弱いため、そもそも職場に持ち込めないようにするという対策もあります。どれだけレベルの高い技術を導入したとしても、それを扱う人間の教育が欠けていれば意味がないということです。

## ◯ パスワードや登録情報の重要性

個人で簡単にできる対策の1つに、パスワードをしっかり設定するというものがあります。しっかりというのは、十分に長いパスワードを作るということです。また、キャッシュレスサービスを申し込む際に入力する本人確認のための各種個人情報も重要です。登録する項目によっては、必須ではなく任意となっているところがあります。しかしこれを登録しな いことで、攻撃者が解析すべき項目が減って攻撃のハードルが低くなるのです。日本ではすでに、任意項目を登録していないユーザーを狙った攻撃が発生しています。登録項目が多くて面倒ということは、攻撃する側にとっても面倒ということです。多くの情報を事業者に与えたくない気持ちもわかりますが、攻撃されて漏えいしてしまっては本末転倒です。

> 長いパスワードを何個も作って覚えるのは難しく面倒です。そこで、次善の策として、英数字が混ざった短めのパスフレーズを作り、それを複数回繰り返すことで長いパスワードにする方法があります。「×× 銀行は 4 回、◯◯証券は 3 回の後に K」のような手書きのメモを見られても安全です。

# データ管理の新しい手法

**このレッスンの
ポイント**

> キャッシュレスやフィンテックの分野では、データの活用が大いに期待されていますが、そのためにはデータ管理の安全性と透明性が求められます。この分野では、「分散型台帳技術」（DLT）の利用が進められています。

## ○ データ管理とは？

キャッシュレスで支払いをすると、誰が、いつ、どんな手段で、いくら支払ったのか、などのデータが発生し、データセンターに送信されます。通信時のデータは暗号化技術などにより一定の安全性が保たれていますが、データセンターに集められたデータも攻撃から守られ、不正利用されないように安全に管理する必要があります。これはデータ管理の第1の問題です。データ管理の第2の問題は、データの書き換えです。送信されたデータを保管するだけなら問題にはなりませんが、多くの人がデータを閲覧したり頻繁に書き換えが行われたりするようなケースでは、誰かが恣意的にデータを書き換えていないか、監視する必要があります。

デジタルエコノミーではデータの価値がこれまで以上に高まり、データそのものが商品にもなります。たとえば、自社で使うデータと他社に供給するデータの間に品質面で差をつければ信頼の失墜につながります。「データを適切に管理している」という宣言だけでは不十分です。データを適切に管理していることを証明する必要があります。

> 2つ目の問題はキャッシュレスやフィンテックでは重要な問題です。顧客情報などこれまで多くのデータが紙で管理されていたため、データの共有や修正に関する問題に触れる機会がなかったためです。

## ● データを集中管理するサーバー＝クライアント方式

スマートフォンなどで撮影した写真をクラウドサービスで管理している人も多いでしょう。クラウドに写真をアップロードし、パソコンやスマートフォンからクラウドにアクセスして写真を見る方法です。クラウドサービスが使っているデータ管理用コンピューターをサーバー、ユーザーが使っているパソコンやスマートフォンをクライアントといいます。

このようなデータ管理方式を、「サーバー＝クライアント方式」といい（図表47-1）、サーバーが親となってデータを集中的に管理し、子のクライアントはサーバーからそのつどデータをもらいます。データを1か所で効率的に扱え、大量のデータをすばやく処理できるというメリットがあります。その一方で、サーバーが攻撃されてダウンしてしまうと全体が止まってしまうというデメリットがあります。

多くの電子マネーはサーバー＝クライアント方式で支払いデータを管理しています。たとえば交通系の電子マネーでは、通勤時に大量のデータが発生します。高い処理能力を持ったサーバーがあれば、大量のデータもすばやく処理できます。

### ▶ サーバー＝クライアント方式 図表47-1

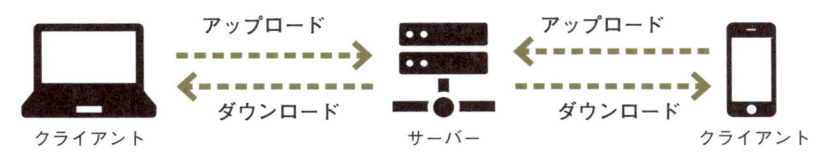

データをサーバーで集中管理し、クライアント（手元にあるスマートフォンやパソコン）でそのつどサーバーにアクセスしてデータを使う

> サーバー＝クライアント方式は以前からある方式ですが、「古いからダメだ」ということではありません。データ管理の目的に応じて方式を選ぶ必要があります。

## ● データを分散して保有するDLT

サーバー＝クライアント方式とは異なるデータ管理方式に「DLT」（Distributed Ledger Technology：分散型台帳技術）があります。DLTにはサーバーとクライアントのような親子関係がありません。システムに接続しているすべての端末（ノードといいます）それぞれがデータを保管しており、データの追加や修正を行ったノードは、ほかのノードにデータが修正されたことを通知します。データが修正されたことは伝言ゲームのように伝わっていき、やがてすべてのノードのデータが書き換えられます。

図表47-2 では、一番左のノードが新しいデータを追加し、それをほかのノードに伝えています。このようにノードがつながってデータが最新かどうかを頻繁に確認し合い、修正データをやりとりする方式をP2P（peer to peer）といいます。また、図表47-2 ではデータがブロックのように積み上げられて保管されています。この方式を「ブロックチェーン」といいます。DLTにはDAG（有向非巡回グラフ）などブロックチェーン以外の方式もありますが、多くの場合DLTは、ブロックチェーンを指します。

ブロックチェーンでは特定のノードが攻撃されてもほかのノードから最新データをもらうことができ、データが失われることはありません。その反面、データの更新に時間がかかり、大量のデータをすばやく処理するのが苦手です。

▶ **DLT方式でデータを分散する** 図表47-2

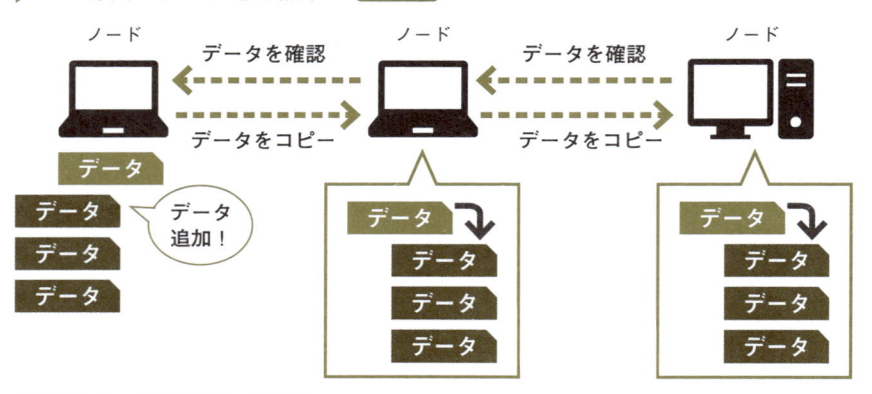

すべてのノードが同じデータを持つ

**DAG** はアイオタ（**IOTA**）という仮想通貨で用いられています。ブロックチェーンよりも多くの取引を処理できるのが特徴で、ドイツのボッシュ社などと提携しています。

## ⬤ DLTの利点① 「データの透明性」

サーバー＝クライアント方式ではデータを管理できるのはサーバーの保有者のみです。データを恣意的に改竄したとしても、クライアント側では確認のしようがありません。データの集中管理は効率がよいのですが、透明性に欠けるといえます。DLTではすべてのノードがデータのコピーを持っています。データの透明性が高く、誰かが書き換えをすればそれがP2Pネットワークを通じて全ノードに伝わります。

レッスン23では、銀行を通じた国際送金の手数料が高いことを指摘しました。その理由の1つに、コルレスバンキングを使って複数の銀行を経由する際に、経由銀行がそれぞれ手数料を取ることが挙げられます。しかもどの銀行がいくらの手数料を取ったのか利用者にはわかりません。DLTを使えば、どの銀行がいくら手数料を取ったのか確認することができ、手数料削減につながります。

## ⬤ DLTの利点② 「手続の自動化」

手続の自動化はDLTにプログラムを載せることで実現できます（図表47-3）。「法令上問題がない」「本人確認が取れている」などの条件を満たせば、人間を介さずにプログラムが手続きを進めます。問題のある案件だけを人間がチェックするようにすれば、手続きにかかる時間を大幅に削減できます。人間側も問題のない案件を処理しなくて済むため作業負担が減り、ミスの削減にもつながります。

金融分野では、送金、融資、保険、証券取引など透明性と手続きの自動化が威力を発揮する場面が多くあります。DLTがフィンテックの中心的役割を担っている理由がここにあります。

### ▶ 手続きの自動化 図表47-3

| ☑ 法令上問題がない | → 自動処理 | ☑ 本人確認が取れている | → 自動処理 | ⋯⋯ |

DLTによって、手続きの自動化や透明性の確保が実現できる

> DLTに載せるプログラムが、レッスン31で解説した「スマートコントラクト」です。「イーサリアム」という仮想通貨に実装され、仮想通貨の利用範囲が一気に広がりました。

# ⬤ DLTの活用例

世界で最も有名なDLTはビットコインのブロックチェーンです。2009年の誕生以来、平均して10分に1つの割合でデータを格納したブロックが生成されています。このデータベースを攻撃して書き換えるのは現在のところほぼ不可能であることを利用して、所有権管理などのビジネスが展開されています。そのほかには、イーサリアムのブロックチェーンは、スマートコントラクトを搭載してゲームや資金調達などで活用されています（レッスン30、31）。

銀行などの金融機関は独自のブロックチェーンを作ろうとしています。すでに貿易に関わる支払いをブロックチェーン上で済ませる実験が多数行われており、実験から実装の段階に移ろうとしています（**図表47-4**）。

アイスランドでは、イーサリアムの仕組みを利用した電子マネー「Monerium e-money」が2019年6月に公表されました。電子マネーの受け渡しはブロックチェーン上で行われるとのことで、同年9月にはIKEAとの商取引に成功しています。Monerium は EU の電子マネー規則という法律に基づいて発行されており、各国の法制度の枠外で発行されている仮想通貨とは異なります。当面はアイスランドクローナの電子マネーを発行しますが、将来はほかの通貨にもビジネスを広げる予定です。

スペインのサンタンデール銀行は2019年10月、マドリッドでブロックチェーンを使った交通料金支払いシステムの構築に取り掛かることを公表しました。バスや地下鉄、タクシー、レンタカー、そしてレンタサイクルなどの情報がブロックチェーン上に載せられ、ユーザーはアプリで情報を確認して利用料金を支払うことができるようになるそうです。

▶ **貿易金融でDLTを活用する銀行連合** 図表47-4

> **Voltron**：HSBC（イギリス）、BBVA（スペイン）、SEB（スウェーデン）、みずほ銀行（日本）など
> **Marco Polo**：ING（オランダ）、BNP パリバ（フランス）、SMBC（日本）など

複雑化する貿易金融のプロセスを効率化するため、国際的な取り組みが行われている

> **DLT やブロックチェーンはデータの管理方法です。ブロックチェーン＝仮想通貨ではありません。**

## ⚫ DLTは万能薬ではない

DLTにはいくつかの神話もあります。たとえば「サーバー＝クライアント方式よりもコストが下がる」というものです。これは半分だけ真実です。確かに、これまでサーバーの役割を担っていたノードは処理負担が減るためにコストを下げられます。しかし、これまでクライアントだったノードにとっては、セキュリティ対策やデータ保管などのコストが上積みされます。利用者の教育コストなども必要となるため、システム全体としてコストが下がるとはいえません。

ほかに「DLTはセキュリティが強固」という神話があります。確かにブロックチェーン上のビットコインのデータは、書き換え不可能といってもよいでしょう。

しかし、金融機関などが独自にブロックチェーンを立ち上げる場合には、あるノードに仕組まれたワーム（悪意をもったプログラム）がシステム全体に広がってしまうといったリスクがあります。高度なセキュリティ対策がすべてのノードに求められることも負担の1つでしょう。

さらに、「DLTは何でもできる」という神話もあります。DLTはデータ管理の方法であるため、さまざまなサービスに応用できます。一方で、DLTでなくても実現可能なサービスはあります。現在は流行りものということで何でもかんでもDLT（ブロックチェーン）という風潮がありますが、用途に応じて使い分けるべきです。

> **DLT はあくまでも道具に過ぎない、**ということが最も大切な**ポイント**だといえるでしょう。

---

### 👍 ワンポイント　金融機関に人気のBFT

銀行などの金融機関は「BFT」（Byzantine Fault Tolerance：ビザンチン耐障害性）という方式のブロックチェーンの構築を目指しています。これは、プライマリーノードと呼ばれる親ノードがデータの追加や修正を担当し、ほかの子ノードがデータ変更を承認するという方式です。BFTはビットコインよりもブロック生成のスピードが速いという特徴があります。プライマリーノードがグループの中心となって、全体を管理することもできます。ただし、参加ノードの数が増えすぎるとデータ処理の速度が急激に遅くなるという弱点もあります。

# 48 キャッシュレスで得たデータをどう活用するのか

**このレッスンの
ポイント**

ここまでのレッスンで、「私たちが店頭やECサイトで買い物をして、支払いデータが作成され、送信され、管理される」までを見てきました。ここではその<u>支払いデータがどのように活用できるのか</u>見ていきましょう。

## ● キャッシュレスとデータ

キャッシュレスとは、これまで述べてきたとおり現金を使わないで支払いをするということですが、「データ」という面に注目すると、キャッシュレスとは私たちの<u>支払い行動をデジタルデータとして扱えるようにする</u>、という側面があります（図表48-1）。これまでの現金取引でも、POSレジを使えば何がどれくらい売れたのかリアルタイムにデータ化できます。コンビニではPOSデータに基づいて需要予測をして、商品の補充に役立てています。

しかし、「その顧客がどこから来たのか」「コンビニで買い物をする前後はどのような経路を通ってどのような行動をしたのか」などのデータは得られません。いつもおにぎりだけ買う人は、本当はコンビニで飲み物も買いたいけれど、ほしいものがないためほかの店にも寄っているかもしれません。

▶ **行動データが把握できる** 図表48-1

キャッシュレスで支払いをするとそのつどデータが記録されるので、その人の行動そのものがデータ化されるような形となる

支払いは小売店での買い物だけではありません。交通機関、医療機関と薬局、自治体、学校などさまざまな場面で発生します。

## ● データをどのように活用できるのか

このあとの第6章では、小規模店舗や商店街、医療機関などさまざまな場面におけるキャッシュレスデータの活用方法を見ていきます。これまでは支払い行動のデータは各店舗で「点」として活用されてきましたが、公共交通機関などのデータを組み合わせて「面」として活用することで、より多くのビジネスチャンスが得られます（**図表48-2**）。

データの活用先はマーケティングにとどまりません。第7章では、ドローンや会話ロボットなどすでにある技術やこれから開発が期待される技術と組み合わせることで、私たちの暮らしをより便利にする活用方法を紹介します。特にヘルスケアと組み合わせることで、私たちの生活の質が大きく改善します。キャッシュレス化によって得られるデータは、社会問題の解決に大いに役立ちます。

そのためには、データの共有が欠かせません。これまではクレジットカードで支払えばカード会社が、交通系の電子マネーで支払えば交通機関がデータを独占的に集め、利用してきました。しかし、今後はこれらのデータはビジネス目的だけでなく、社会問題の解決のためにも広く共有されるべきです。支払い行動のデジタル化は、デジタルエコノミーの基盤となるデータを作り出します。そしてデータの扱いについてはルール作りが欠かせません。

▶ **データ活用は「点から面へ」がポイント** 図表48-2

データを個別に活用　　　　　　データを共有して活用

👍 **ワンポイント　データとプライバシー**

データの利活用という話をすると、プライバシーの問題を心配されると思います。次章で紹介するデータ利活用のほとんどは、個人名との紐づけが必要ありません。

データは大量に集めて統計的な処理を施して、はじめて価値を持つため、1人1人の個別データだけでは利用価値がほとんどありません。データ処理の過程では名前は不要で、地域、性別、年代などの属性が重要になります。

### 個人情報を最も流出させているのは本人

私の講演では必ず個人情報の質問が出ます。キャッシュレス化で集められた個人情報が流出するのではないか、キャッシュレス化によってデータを集められること自体に不安がある、というものです。しかし、私のいつもの答えは、「個人情報を最も流出させているのは本人」というものです。

SNSなどで写真や趣味、普段の生活などを公開している人は多くいます。友人設定などで制限していても、その相手が情報を流出させているかもしれません。またSNSでは、生体認証に使われる情報が多く流出します。自分の写真をアップすることは、顔、虹彩、指紋などの情報を公開するのと一緒です。生体認証の情報でなくても、すでに自撮り写真の瞳に映った画像をもとに住所を割り出される事件が発生していま

す。

スマートフォンは常に通信をしており、周囲に多くの情報を提供しています。持ち主がどの経路を通っていまどこにいるのか追跡が可能です。セキュリティ対策が甘ければ、知らず知らずのうちにウイルスを仕込まれるリスクもあります。

「個人情報を守りたいのであれば、クレジットカードでの支払いは一切せず、スマートフォンでは絶対に写真を撮らず、SNSをやめ、スマートフォンは必要な時以外は常に電源を切っておいてください」とアドバイスをすると、皆さん苦笑されます。「そんなことできないよ」という意味だと思いますが、個人情報の流出を防ぐのは大変難しいのです。

> 私たちが流出させている個人情報には害のないものもあります。個人情報保護法のせいで、私たちの不安感が大きくなりすぎています。

# Chapter

# 6

# キャッシュレスを活用した新しいビジネス

キャッシュレス化はデータを活用したマーケティングや企業のバックオフィス業務にも大きな影響を及ぼします。また、ほかのサービスとくっつける（バンドル）することで、新しいビジネスが生まれます。

# Lesson 49 ［導入］
# キャッシュレスを導入する

このレッスンの
ポイント

かつてはキャッシュレスに対応したレジは非常に高価でした。しかし、いまでは安価にキャッシュレス決済を導入できます。この章の最初のレッスンでは、個人商店など小規模店舗でも使えるサービスをいくつか紹介します。

## ○ キャッシュレスは簡単に導入できる

以前であれば、大型の固定レジを導入しなければクレジットカードなどの支払いを受け付けられず、コストが高くつきました。導入の初期費用だけでなく、月額利用料や1件1件の決済手数料などもかかるため、大きな負担となっていました。しかし、現在ではキャッシュレス導入のハードルは大きく下がっており、iPadのようなタブレットだけでも始められます。カードリーダーやレシートプリンターを追加することで、クレジットカードや電子マネーなどにも対応できるようになっており、売り上げ集計などが自動化されるサービスも付帯しています。

▶ キャッシュレス導入に必要なもの 図表49-1

レシートプリンター

カードリーダーとタブレット

Square Reader

QRコードが表示できるiPadなどのタブレットがあればすぐに導入できるが、カードリーダーなどを追加することで電子マネーなどにも対応可能。Square Readerは、カードの挿入とタッチに対応した決済端末で、安価に導入できる

キャッシュレスを導入するためには申請が必要です。カード、電子マネー、QRコードなど事業者ごとに申し込みをして、審査を受けます。結果が出るまで数週間かかります。

## ⬤ さまざまな導入サービス

**図表49-2** は、キャッシュレス決済サービスの一例です。このほかにも多くのサービスが展開されています。導入側が負担する初期費用0円、月額費用0円のキャンペーンを行っているサービスが増えてきています。

キャッシュレス決済ではタブレットをレジ替わりに利用できますが、このレジアプリを無料でダウンロードできます。ちなみにSquareは、タブレットのイヤフォンジャックに差し込むか、無線（Bluetooth）で接続して使います。

クレジットカード払いの場合は、顧客に

レシートを渡す必要があるため、レシート用のプリンターが必要です。これもECサイトで買えます。また、たとえばAirPayのようにタブレットやプリンターがセットになったサービスを利用するのもありでしょう。専用アプリ「Airレジ」も展開しています。

イベントなどで一時的に使いたい場合は、機器一式をレンタルするという手もあります。たとえばヤマトフィナンシャルは電子マネー端末をレンタルしており、短期のレンタルにも対応しています。

### ▶ 主なキャッシュレス決済サービス 図表49-2

| サービス名 | 事業者名 | 主な対応キャッシュレス手段 |
| --- | --- | --- |
| AirPay | リクルート | クレジット、電子マネー、モバイル、QR（国内、国外） |
| Coiney | コイニー | クレジット、WeChat Pay |
| PAYGATE Station | 綜合警備保障（ALSOK） | クレジット、電子マネー、QR（国内） |
| Square | Square | クレジット、電子マネー対応予定 |
| おてがるPay | JSM | クレジット（銀聯も含む）、電子マネー |
| 楽天ペイ | 楽天 | クレジット、電子マネー、モバイル、QR（国内） |

ここに挙げたもののほか、ヤマトフィナンシャルの端末レンタルサービスなどもある

> 決済データを送信するためにインターネット回線も必要なので、WiFi などが使えるようにしておく必要があります。

Lesson ［現金のコスト］

# 50 「キャッシュ」を「レス」する メリット

このレッスンの
ポイント

キャッシュレス端末を導入しても、すぐに現金がゼロになるわけではありません。それでもキャッシュレスを導入すると ［現金のコスト］ が削減され、大きなメリットが生じます。ここでは現金がもたらすコストを見ていきましょう。

## ◯ 現金はどのようなコストを生んでいるか

現金を使うことのコストはいろいろあります（図表50-1）。キャッシュレスを導入することで、これらのコストを削減することが期待されます。まず、現金に比べて毎日のレジ閉めにかかる時間が大幅に短縮できます。実際にキャッシュレスを導入した店舗では、閉店処理が早くなったというデータがあるほどです。

また、現金の場合に発生するお釣りの計算や受け渡しも一切ありません。このこととは顧客側の時間短縮にもなり、大きなメリットです。クレジットカードの場合は通信に時間がかかりますが、それでもお金を受け取って釣銭を渡すよりもラクで早いというのは経験からわかるでしょう。同じ時間でより多くの顧客を捌くことができれば、ユーザーエクスペリエンス（顧客満足度）も向上します。現金のように盗まれる心配もありません。

▶ 現金のコスト 図表50-1

支払い時の金額確認、釣銭渡し

支払い

釣銭

釣銭の確保、両替

レジ閉め

従業員などによる盗難・
盗難防止のためのコスト

## ● 釣銭が最大の障害

レジにとって最大の問題が釣銭です。通常、どの程度の釣銭が発生するのかを予測するのはかなり難しいため、すべての種類の硬貨と1,000円札や5,000円札を潤沢に準備する必要があります。釣銭を手に入れたり預けたりするために銀行に行く時間もコストです。銀行は現金に関わるコストを顧客に転嫁しようとし始めています。たとえば今後、両替は有料化し、手数料が高くなる一方でしょう。こういった観点でも、キャッシュレス化によってコストを大幅に削減できます。

## ● 規模が大きいほど削減効果も大きい

1店舗だけ運営する個人商店では、釣銭を手に入れるために店主が定期的に銀行に行けば済みますが、店舗数が増えてくると現金のオペレーションコストはどんどん大きくなっていきます。多額の現金を持って複数の店舗を定期的に巡回して釣銭用の小銭を受け渡す必要があり、大きなコストがかかります。さらに規模が大きくなると現金センターのような施設も必要になります。

> ある小売チェーンでは、現状のあまり進んでいないキャッシュレス化であっても、年間2億円弱のコスト削減が見込めるそうです。

## ● 決済手数料

クレジットカードや電子マネーでは3〜5％程度の決済手数料がかかります。問題は、キャッシュレス化で得られるコスト削減効果と、新たに支払う手数料のバランスです。一般的に、規模が大きくなるほどメリットのほうが大きくなります。個人商店では見た目の手数料支払いのほうが大きく見えるかもしれませんが、本章で紹介するバンドルサービスを含めればキャッシュレス化の恩恵のほうが大きいといえます（図表50-2）。

▶ **キャッシュレスのコストとメリット** 図表50-2

現実に発生しているコスト。目に見えやすい

導入の手間
決済手数料

釣銭や
レジ閉めの削減
バンドルサービス

導入後にはじめてわかるメリット。目に見えにくいが効果は大きい

導入の手間や手数料を差し引いても、メリットのほうが大きい

## Lesson 51 ［災害リスク］

# 実は災害に強い キャッシュレス

このレッスンの
ポイント

> 災害時の停電リスクなどを考えるとキャッシュレスを安心して取り入れられないのではないかという懸念があります。ここでは、キャッシュレスを導入した場合に、どうやって災害リスクを乗り越えればよいか見ていきましょう。

## ● 災害時は現金も使えない

災害時にはさまざまな問題が発生します。経済面に焦点を当てると、物流とエネルギーが重要な問題になります。災害により道路が寸断されるなど物流網がダメージを受けると、必要な物資が届きません。お金があっても買えない、ということになってしまいます。一方のエネルギーは、電力などが届かなくなるということです。たとえば小売店では冷蔵ケースのスイッチが切れて中のものが溶けてしまいます。災害時に停電すると、当然レジも使えなくなります。電力やネットがないとクレ

ジットカードで支払いできません。災害がキャッシュレスの弱点といわれるゆえんです。

ここで忘れがちなのが、ATMです。ATMも電気で動いている以上、停電によって止まってしまうと現金が下ろせなくなります（図表51-1）。災害時にはメモ帳などにツケ払いを記録して後日清算するケースも見られます。ツケ払いはキャッシュレスであり、災害時には現金であっても不便なのです。

▶ 災害で使えなくなる代表的なもの 図表51-1

| ATM | レジ | カードリーダー |
|---|---|---|
|  |  |  |
| 電力がなく動かせない。物流が滞り補充・回収できない | レジが動かない。POSなどの機能が使えない | 据え置き型の有線端末はネットが寸断されて決済できない |

## ⚫ 事例に学ぶ災害時の決済問題

ここでは、災害時の準備が進んでいる実例として、北海道でコンビニチェーンを展開しているセコマ（旧セイコーマート）を紹介します。北海道ではたびたび自然災害に見舞われていて、特に2018年の地震の際には大規模な停電を経験しました。多くの小売店でキャッシュレス支払いが停止して商品が不足するなか、セコマは90%以上の店舗が営業を続け、キャッシュレス決済ができた店舗もありました。

なぜ営業できたかというと、まずは物流を確保できたことが挙げられます。セコマは独自の物流システムを構築しており、トラックの燃料を備蓄していました。電力については、自家発電と車のシガーソケットでしのいだそうです。配送センタ

ーなど、一定規模の電力が必要な設備は自家発電で乗り切り、店舗については、販売が行えるようにレジのみ、パートさんのクルマのシガーソケットから電力を供給したそうです。シガーソケットは12Vの電力を供給するため、そのままレジには使えませんが、電圧の変換器を常備していたためにレジを動かすことができました。実はこれは災害時セットとして販売されているもので、変換器や延長ケーブルなど合わせて1万5,000円程度とのことです。このような備えをしていたからこそ、営業を続けられました。

キャッシュレスが災害に弱いということでなく、災害時への備えが不十分なことが問題なのです。

## ⚫ さらなる対策が必要

それでもキャッシュレス支払いができない店舗も多くあったため、セコマではさらなる対策を進めています。電力が確保されても通信が止まっていてはキャッシュレスが使えないため、ルーターへの電力供給体制を整えたり、モバイルルーターを整備したりしようとしています。

▶ **災害時に最低限必要な備え** 図表51-2

照明　レジ　ネットワーク

最低限必要な部分が動かせるように備えておく

セコマはコンビニ内で使える Pecoma という電子マネーを 2018 年 10 月から展開しています。2019 年 10 月時点では、すべての支払いの約 10%が Pecoma で行われているそうです。

# 52

## ［バンドルサービス］
# キャッシュレスと
# バンドルサービス

このレッスンの
ポイント

キャッシュレス化によって得られるデータは、取引や送金に限らずさまざまな場面で活用できます。このデータを活用した「バンドルサービス」の可能性と、バンドルサービスの取り組みに必要なものが何かを理解しましょう。

---

## ● キャッシュレスの仕組みを既存サービスに活用する

キャッシュレス支払いをするということは、「いつ、誰が、どこで、何を、いくらで、どのような手段で」購入したのかをデジタルデータとして残すことを意味します。私たちの経済活動の中でのモノ、カネ、ヒトの動きはこれまで断片的にしかとらえられておらず、「カン」に頼るところもありました。デジタルデータとして整備されれば、科学的な分析も可能になります。

キャッシュレスは決済手段として買い物の利便性を高めるだけでなく、ビジネスや医療、福祉など 図表52-1 に挙げたようなさまざまな分野に応用できます。キャッシュレスによって取得したデータを決済手段以外に活用することを、本書ではバンドルサービスと呼びます。

▶ バンドルサービスの活用例 図表52-1

・経理などバックオフィス業務の改善
・来客頻度や動線などの顧客の「見える化」
・医療情報の統合化
・行政手続きの自動化
・交通機関との連携

現金を使わない支払い行動にはさまざまなサービスが組み合わせられる

## ◯ バンドルサービスに必要なもの①「連携」

本章で紹介するバンドルサービスの多くは、すでに存在するサービスをキャッシュレスと組み合わせるものです。実現可能性の高いもの、またすでに取り組みが始まっているものを紹介していきます。なお、サービス実現までの道のりが長い未来のバンドルサービスは第7章で見て

いきましょう。

すでに存在するサービスとの組み合わせを考えるのであれば、「開発」よりも「連携」が鍵になります。バンドルサービスを提案できる企業にもチャンスが訪れているといえるでしょう。

## ◯ バンドルサービスに必要なもの②「教育」

新しいサービスを生み出すためには、人材育成のための教育も欠かせません。大学生だけでなく、社会人も新しい技術を学べる仕組みが必要です。現在のような学部縦割りの大学制度では能力の高い人

材を生み出せません。キャッシュレスやフィンテックを学ぶためには、幅広い分野をマスターする必要があります。学際的な教育プログラムの必要性が高まっています。

## ◯ バンドルサービスに必要なもの③「ユーザーの利益」

バンドルサービスがうまくいくかどうかは、ユーザー目線であるかどうかが最も重要です。社会問題の解決と言い換えてもよいでしょう。本書でこれまで見てきたキャッシュレスのサービスでも、「国境

を越えて家族に送金できるようにするもの」「現金を介さずに割り勘ができるようにするもの」などがありました。バンドルサービスはどのような問題を解決するのか、重要な問いかけです。

▶ バンドルサービスに必要なもの 図表52-2

**連携**
新しいものを開発するより、すでにある仕組みを連携する

**教育**
ビジネスからテクノロジーまで幅広い分野に精通した人材の教育

**ユーザーの利益**
ユーザー目線に立った社会課題の解決につながること

> キャッシュレス化は手段であり目的ではありません。キャッシュレスは裏方でさまざまなサービスを支えるくらいがちょうどよいのです。

Lesson

# 53

[経理業務]

# 経理業務を
# 自動化・効率化する

このレッスンの
ポイント

経理処理はどの規模の企業でも発生するバックオフィス業務です。売り上げデータの入力など、自動化によるメリットは大きく、<u>コストの大幅削減</u>につながります。会計ソフトとのバンドルによって経費精算なども自動化できます。

## ● 入出金、売上データの手入力から解放される

現金取引ではデジタルデータが作成しづらく、会計ソフトには手で入力する必要があります。費用と時間がかかるだけでなく、入力ミスも起きやすく、書類のチェックにも時間がかかります。領収証などの書類を「証憑書類」といいますが、これを保管するにもスペースや手間が必要で、紛失するリスクもあります。キャッシュレス化すれば、支払いデータは会計ソフトに自動的に送信され、証憑書類もデジタル形式で保存されます。これにより確認、入力、計算、保存などの手間を大きく減らせます。領収証をPDFファイルにする手間もありません（**図表53-1**）。

▶ **キャッシュレスのデータと会計ソフトとの連携** **図表53-1**

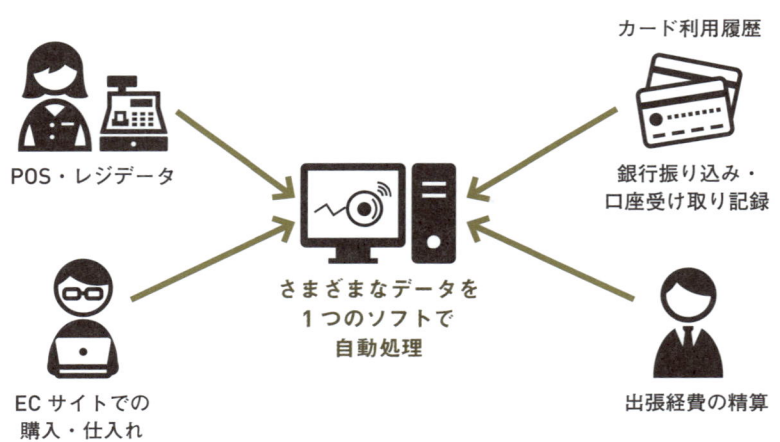

キャッシュレス化することで、POSデータやECサイトからの請求データなどはもちろん、カードの履歴や経費精算も1つの会計ソフトで集計、処理できる

## ● 経理業務とのバンドル事例①「AIによる自動仕分け」

通帳のデータや販売データを収集するアプリもあります。データは集めるだけでは効率化できません。たとえば、銀行口座やクレジットカード、ECサイト、POSデータなどを取得したあとにAIによる仕分け作業まで行う「かんたんクラウド会計」（ミロク情報サービス）を利用すると、キャッシュレス化で得られたデータをスムーズに処理できます（図表53-2）。取引先名や請求書の製品名などから事務用品や交際費などAIが判断して記帳し、人間は間違っている項目を修正するだけです。

## ● 経理業務とのバンドル事例②「出張時の経費精算を自動化」

サラリーマンが一生の間に経費精算に費やす時間は、合計で52日分ほどだそうです。大きな経済的損失が発生しているだけでなく、不正の温床にもなります。従業員の交通費や交際費、事務用品費だけでなく、出張時の航空券やホテルの支払い、面談などの来訪者に対する交通費など、さまざまな支払いが発生します。U.S.BankのExpense Wizardはスマートフォン上のウォレットを使うことで出張時の経費精算を容易にするサービスです。支払いだけでなく、出張後のレポート作成機能もあり、大幅に時間を節約できます。

▶ AIが仕訳 図表53-2

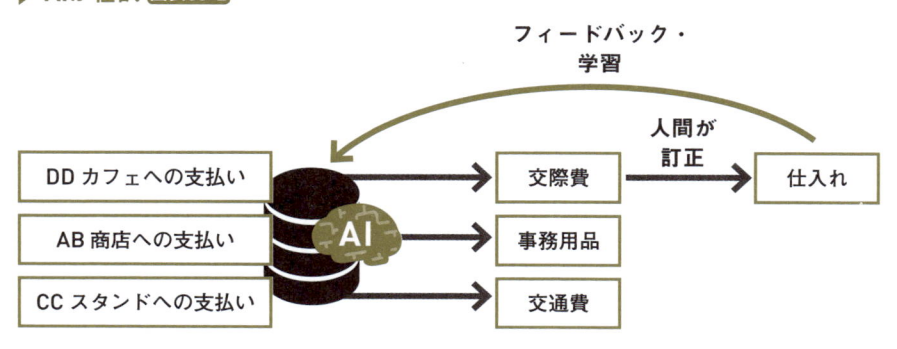

請求書などに記載された内容をAIが自動的に仕分けする

> 経費精算の自動化はコンプライアンスに関する意識を高めることにもつながります。ちょっとした「役得」が次第にエスカレートして不正問題に発展するリスクを抑えるのです。

# 54

[店舗運営]

# データの「見える化」で効率改善

**このレッスンの
ポイント**

個人商店などの小規模店舗でもデータは役立ちます。これまで「カン」や経験に頼っていた部分をデータとして「見える化」することで、より効率的に店舗運営できるようになります。

## ● 基本的なデータが活用できる

店舗の効率をアップするのに高度なデータは必要ありません。顧客の来店数、購入額、売上商品だけでも役に立ちます。キャッシュレス支払いで得られるこれらのデータを、月、曜日、時間帯などと組み合わせるだけでもさまざまなことがわかるようになります。

顧客の属性が把握できればより詳細なデータが得られます。性別やだいたいの年齢は有用なデータです。たとえば会員向けポイントカードを発行して利用時に使ってもらえば、来店頻度もデータとして利用できます。これらを組み合わせると、30代の男性は何曜日によく来店するのか、リピート回数の高い顧客は何を買っているのか、など顧客の具体的な動向がわかるようになります。

ポイントカードをリピート回数の把握や割引情報などのプロモーションに使うだけなら、名前や住所などの個人情報を聞く必要はありません。個人情報のないポイントカードのほうがデータ管理のハードルが下がります。登録までのステップをできるだけ短くすることも顧客満足度を向上させる鍵です。

# ● データから見えるもの

個人経営のカフェを考えてみましょう。図表54-1 のように曜日別のデータがあるだけでも、アルバイトの手配をどのように組み立てるのかデータに基づいて考えられるようになります。時間別のデータがあれば、より細かな戦略も立てられます。

次に個人経営の雑貨屋を考えてみましょう。曜日別のデータだけでなく、天候も関係あるかもしれません。傘は雨が降ったら売れ行きが伸びるでしょうが、通勤や通学で雨に備えている平日よりもレジャーで来ている日曜日のほうが売れ行きがよいかもしれません。また、平日はシンプルなデザイン、休日はより派手なデザインの物が売れているかもしれません。カンではなくデータで確認することで、仕入れ計画も立てやすくなります。

## ▶ 曜日別データをもとにシフト作成 図表54-1

**曜日別決済件数**

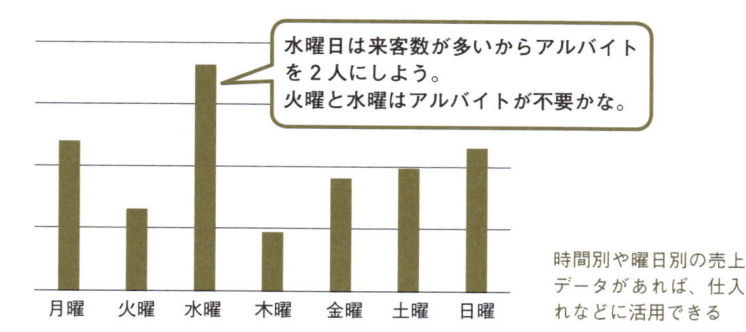

水曜日は来客数が多いからアルバイトを2人にしよう。
火曜と水曜はアルバイトが不要かな。

月曜　火曜　水曜　木曜　金曜　土曜　日曜

時間別や曜日別の売上データがあれば、仕入れなどに活用できる

データが取得できたとしても、「高度な統計ソフトを使わなければならない」ということでは活用のハードルはぐんと上がってしまいます。視覚的にデータを表示するアプリの導入や税理士など店舗を支援する士業者のスキル向上が欠かせません。

## 👍 ワンポイント　卸にとっても大きなメリット

卸売業者から小売店への販売のときにクレジットカードで決済してもらえば、資金回収が確定するため債権が回収できないといった心配がなくなります。

販売商品などのデータを共有すれば、どのタイミングで注文が入るのか予測しやすくなります。

# Lesson 55 ［地域経済］
# 商店街の共通ポイントカードでデータを活用する

このレッスンのポイント

自社店舗だけでキャッシュレス化するだけでもメリットがありますが、周辺の店舗も巻き込んで地域全体でキャッシュレス化に取り組めば相乗効果が得られます。このレッスンでは、商店街単位でキャッシュレス化するメリットを紹介します。

## ⭕ 1店舗よりも複数店舗

自分の店舗だけでなく、商店街など近隣の店舗もキャッシュレス決済に対応するとどうなるでしょうか。1つは、商店街を通じてキャッシュレスに対応していることは顧客アピールになります。現金を持ち歩かなくても複数の店で買い物できれば顧客の利便性がアップします。また、たとえば複数の店舗で共通のポイントカードを発行すれば、客がどのような店を

どのような順番で辿ったかを分析できます。このとき、スマートフォンのアプリで来店ポイントや購入ポイントを溜められるようにすれば、図表55-1 のようなデータを得られるでしょう。この場合、氏名や住所などは不要でポイントカードのID番号だけわかればデータを活用できるため、個人情報の取り扱いに関する心配はありません。

▶ 共通ポイントカードで客足を確認 図表55-1

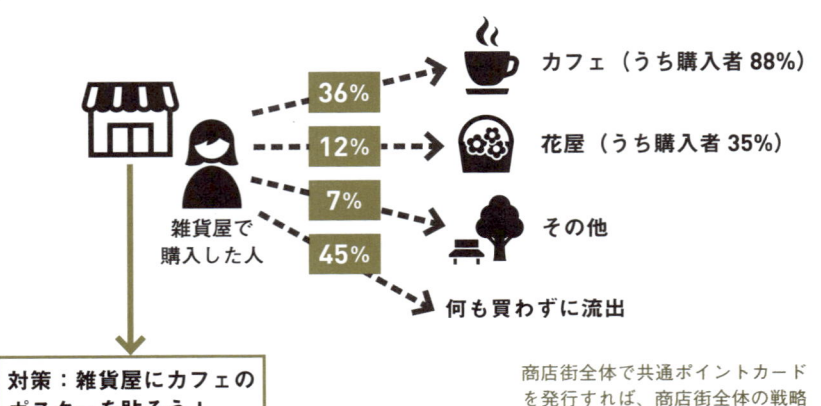

カフェ（うち購入者 88%）

花屋（うち購入者 35%）

その他

何も買わずに流出

雑貨屋で購入した人

36%
12%
7%
45%

対策：雑貨屋にカフェのポスターを貼ろう！

商店街全体で共通ポイントカードを発行すれば、商店街全体の戦略に活用できる

## ● キャッシュレス支払いデータと統合

ポイントカードの情報とキャッシュレスの支払いデータを合わせて活用できれば、商店街全体での客単価や合計滞在時間を求めることもできます。客単価の高い顧客は多くの店に入っているのか、それとも1つの店で大量に買っているのかなどもわかります。たとえば大量買いの顧客に無料宅配クーポンを配信すれば、次回の来訪が期待できるでしょう。

客足データによって「合計滞在時間が2時間を超えるとカフェに入る確率が高くなる」ということがわかったとしましょう。滞在時間が2時間に近づいたところでカフェの割引クーポンを配信すれば、顧客をカフェに誘導できます。カフェでくつろいでいる間にほかの店舗の割引情報などを配信すれば、さらなる滞在、購買につなげることも可能です。

ポイントカードやキャッシュレスに対応することで、図表55-2 のような種類のデータが得られます。特に地方では小売店が苦戦していますが、ただ顧客の来店を待つだけではダメで、しっかりとしたデータをもとに作戦を練る必要があります。また、データをもとに一度も商店街に来たことがない人へのアプローチも考える必要があります。

## ● さらに広い範囲での提携を

ここでは商店街を例にしましたが、もっと広い範囲で連携することも可能です。たとえばバス会社と連携してイベントがある日にバスの割引を依頼する施策、バスで来客した人にクーポンやポイントを配布する施策も考えられます。バスで結んだ複数の地域で同じシステムを導入すればさらに多くのデータが集まります。

▶ データ統合で可能になること 図表55-2

・曜日別・時間帯別の情報 → タイムセールの設定に活用
・天気や気温による顧客動向の変化 → 気温が30度を超えると何が売れて何が売れないかなど
・セールやイベントの効果測定 → 値引きよりもイベントのほうが効果があるなど
・何をセットで購入しているのか → 花を買ったあとにケーキを買っているなど
・商店街全体での客単価の分布 → どのタイプの店でいくら買っているのかグラフ化

どんなデータをどんなことに活用できるか知っておくことが重要

データを囲い込んで自分たちだけで利用するのではなく、できるだけ多くの関係者と共有することが繁栄のカギになります。

## 56 [医療情報] 医療の質が上がる データ活用法

**このレッスンの
ポイント**

病院のキャッシュレス化は遅れています。キャッシュレス化するだけでも病院の収入が確定するなどのメリットがありますが、バンドルサービスによって、<u>カルテ情報の共有や患者の負担軽減</u>など利便性はさらに高まります。

### ○ 医療機関ではポストペイが便利

病院ではとにかく待ち時間が長くなります。患者数が多く、また患者1人1人の診断がさまざまであり、手続きも複雑であることがその原因といえます。受付業務などをIT化しても、効率化の実感がないというのが現状ではないでしょうか。ここにキャッシュレスを組み合わせれば、多くの面で手続きが自動化され、待ち時間や会計処理などがスムーズに行えるようになります。

たとえば通常、診察が終わって点数の計算をしたあとに会計します。キャッシュレスの仕組みを取り入れ、事前に顧客情報（患者情報）を登録し、クレジットカードや後払いのアプリに課金すれば、診察を終えてすぐに帰ることができます（図表56-1）。会計待ちの患者が減るだけでも院内の混雑度合いが下がるでしょう。

ポストペイ（後払い）の仕組みは、ライフカードが展開している東大病院の「ゆーとむカード」や、慶應大学病院の「KEIO MED EXPRESS CARD」など、すでに導入されているところもあります。

▶ **病院でのポストペイ** 図表56-1

**現金の場合**

診療を　　会計を　　支払い
受ける　　待つ

現金だと、会計から支払いまで待ち時間が生じる

**ポストペイの場合**

診療を　　すぐ帰宅　　あとでカード
受ける　　　　　　　　にチャージ

ポストペイにすれば、診療後すぐに帰宅できる

## ◯ 医療機関ごとの情報をキャッシュレスと統合する

医療機関で作成される情報には非常に多くのものがあります。医療機関といっても病院や介護施設などさまざまあるため、これらの情報を管理するのも大変です。実際 図表56-2 のような情報は、施設ごとに別々に管理されており、お薬手帳は個人で管理しています。診察を受けるたびに過去の病歴や薬との相性などを説明す

る必要がありますが、自分の情報であってもきちんと記憶している人は多くないでしょう。これらの情報がキャッシュレスデータに統合されて記録されていれば、そのつど引っ張り出す必要もなく、診療時にその場で取得できるため、診察時間の節約につながります。

### ▶ バンドル情報の例 図表56-2

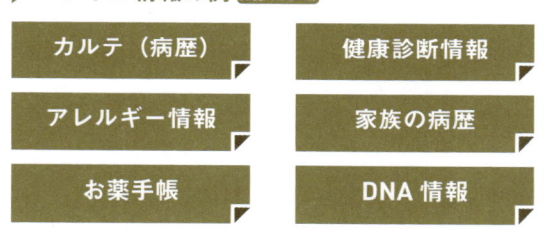

カルテ（病歴）　健康診断情報　アレルギー情報　家族の病歴　お薬手帳　DNA情報

バラバラに管理されたカルテや健康診断情報、お薬手帳などの情報をキャッシュレスと統合する

## ◯ 事例①「病院から薬局までシームレスに連携」

診断の効率化の例を見てみましょう。たとえば定期的に血液検査をして特に問題がなければ処方箋を発行する、というような流れは自動化しやすい医療行為です。血液検査の結果はカルテに送信されて自動的に記録されるとともに、患者にも送信されます。スマートフォンで受け取ってもよいし、病院内のモニターで見て紙で印刷することもできます（印刷代が数十円かかるでしょう）。

血液検査の結果はAIが判定します。体調に変化がなくこれまで通り薬を飲めばよ

いケースでは、処方箋も自動で発行されます。もちろん病院での会計はポストペイなので、会計を待たずにすぐに帰ることができます。並行して処方箋の情報が薬局に自動送信され、薬局での待ち時間もなくなるでしょう。薬が薬局から自宅に配送されるオプションも選択できるようになるかもしれません。血液検査の結果に問題があるときは、医師と患者が持つデバイスにアラートが入り、診察に進みます。

このような仕組みができれば患者側は時間を節約でき、医師側は重い患者に集中することができます。

## ◯ 事例② 「全国の病院で医療情報を引き継ぐ」

現在は病院ごとにカルテが保管されています。全国規模のDLT（レッスン47）にカルテや医療情報を保存しておけば、引っ越ししたり旅行中に急病にかかったりした場合、どこの医療機関でも情報が引き出せるため、安心して診察を受けられます。たとえばマイナンバーカードなど、いまある仕組みを使って医療情報DLTにアクセスできるようにするのもありでしょう。全国どこからでも過去のカルテを引き出せ、適切な治療が受けられます。実際、エストニアではマイナンバーカードが病院でも利用されています。

医療情報のカードはプラスチック製のカードだけでなく、スマートフォンのアプリにしたり、クレジットカードやデビットカードの機能を持たせられたりします。

### ▶ カルテを共有する 図表56-3

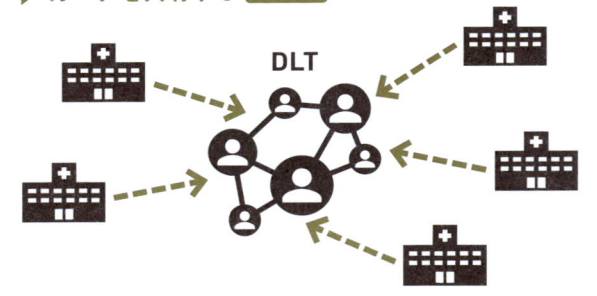

DLT上のカルテなどの情報に、全国の医療機関からアクセスできる

## ◯ 事例③ 「保険サービスの質を上げる」

保険会社と提携すれば、本人が請求しなくても自動的に保険の請求を進められるようになります。請求忘れなどを防ぐことができ、保険会社も自動送信データを受け取ることで手続きの自動化を進めることができます。これにより、結果として人件費などの削減につながり、より保険の質を高められるはずです。

マイナンバーカードと医療費支払いが連携すれば、確定申告も楽になります。薬代なども加えて医療費控除の対象額が自動的に送信され、確定申告の書類への記入が行われるようになります。

先行している事例としてアメリカのInstaMed社があります。InstaMed社では保険請求の自動化を進めています。

情報を広く共有するためには、取得する情報の書式を統一し、大量のデータを処理しやすくする必要があります。

## ◯ 事例④「アレルギー情報の活用」

医療情報カードやアプリにアレルギー情報を入れておくと、もっと便利です。レストランのメニュータブレットにカードをかざすと、アレルギーがあるメニューが削除され、表示されたものはすべて安全なメニューになります。タブレットで支払いまで済ませておけば、レストラン側のコストが下がり、顧客側も時間を節約できます（図表56-4）。このシステムを給食でも利用できるようにすれば、食べ間違いによる事故をなくせます。

▶ アレルギー対策 図表56-4

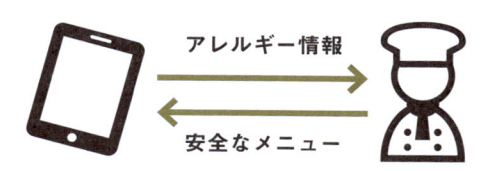

アレルギー情報はそのつど確認するのが大変だが、自動的に表示されれば安全性も高まる

## ◯ 事例⑤「情報を研究に応用」

取得した情報を研究に使う例を紹介しましょう。たとえば糖尿病の場合、患者が利用している血糖値をリアルタイムで監視できるデバイスがあります。このデバイスは、インスリンを注入するパッチと連動しており、血糖値を見て自動的にインスリンの注入を行います。このデバイスが、患者がどんな活動をすると血糖値が大きく変動するのかを取得できれば、このデータは研究活動に応用できます。有用なデータを提供した人は、報酬を受けることができるようになれば、たとえば薬代と相殺できるようになるでしょう。なお、通常データの単価は非常に低く、しかも頻繁にやり取りが発生します。この場合の支払いには仮想通貨（トークン）が向いています。

> カルテはカードを使って DLT から読み出すようにすれば、カードを落としても医療情報を盗まれることはありません。お薬手帳やアレルギー情報はカードの中に入れておいたほうが便利です。

# Lesson [行政手続]

# 57 行政サービスの効率化・公平化を実現

**このレッスンの
ポイント**

行政サービスの分野では**キャッシュレス化**だけでなく**電子
化**も遅れています。2つの取り組みを同時に進めれば、<u>サー
ビスの質の向上とコストの削減</u>が大きく見込めます。この
ことは、支援が必要な人たちの生活の質の向上に寄与します。

## ● 行政サービスの課題

市役所で住民票を取得したり戸籍抄本を
取得したりといった行政サービスを受け
る場合に、手数料などの支払いが発生し
ます。クレジットカードを受け付ける自
治体も出てきていますが、まだまだ多数
派とはいえません。

役所でこれらの証明書の料金を支払う場
合はたいていの場合現金で、しかも紙の

申請書を書く必要があります。市役所の
窓口業務以外にも、たとえば自動車免許
の交付や更新、パスポートの申請など、
多くの行政サービスが紙と現金なしで手
続きできません（**図表57-1**）。言い換えれ
ば、<u>キャッシュレスを導入すれば手続き
の行程が省ける</u>ということです。

▶ **免許の更新手続の場合** 図表57-1

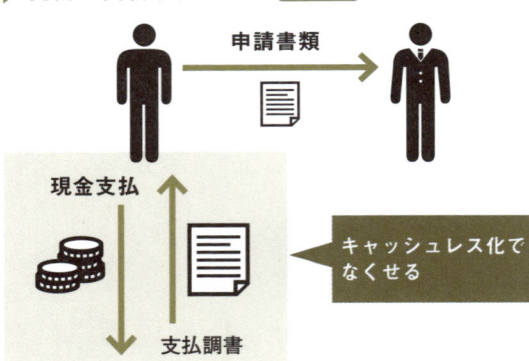

現金を窓口に支払い、さらに別の窓口に支払ったことを証明す
る書類と申請書類を出すなど行政サービスには手続きが多い

そもそも関連法規が時代
遅れなのが原因ですが、
電子化とキャッシュレス
化はセットで進める必要
があります。

## ● オンラインでの申請

パスポートの申請や更新は、本人が出向いて紙の申請書と戸籍抄本などを提出し、現金で手数料を支払います。マイナンバーカードがオンラインでも使えるようになったり、本人確認がオンライン上で済ませられるようになったりすれば（レッスン41で紹介したe-KYC）、パスポートの申請や手数料の支払いもオンライン上で

すべて済ませられます。パスポートに限らず、さまざまな申請書類はオンラインでやりとりできるようになるでしょう。現在は紙でやりとりしている住民票や印鑑証明もオンラインでやりとりできれば、行政サービスの利便性は大幅にアップし、行政コストは大幅に削減できます。

## ● 受け取りの自動化も進める

行政サービスは、証明書の取得手続きだけではありません。生活者にとって特に重要な、年金や補助金の申請もあります。これらのお金は銀行振り込みで受け取ることができ、この面ではキャッシュレス化していますが、申請しなければ受け取れないという問題点があります。また、病気や障碍がある人にとっては申請すること自体がハードルです。

これを解決するには、前のレッスン56で

述べた医療情報のDLTの利用が考えられるでしょう。あらかじめ取得されたデータによって申請手続きが自動的に行われれば、受け取り漏れがなくなります。本来は受け取る権利があるのに制度を知らなかった、申請しなかった、などの理由で受け取っていない人々を大幅に減らすことができ、よりバランスのとれた行政サービスの実現につながるでしょう。

▶ **受け取りの自動化** 図表57-2

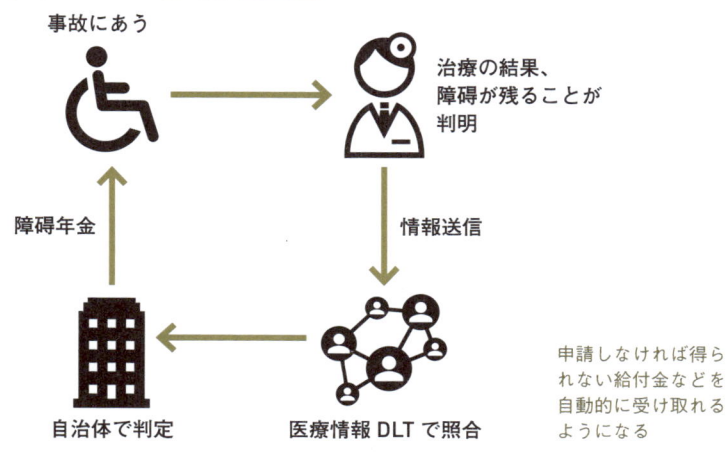

事故にあう

治療の結果、障碍が残ることが判明

障碍年金

情報送信

自治体で判定

医療情報 DLT で照合

申請しなければ得られない給付金などを自動的に受け取れるようになる

Lesson

# 58

## ［MaaS］
## 自動車が生み出すデータを活用する

このレッスンの
ポイント

自動車ではすでにETC（電子料金収受システム）があり、有料道路の支払いがキャッシュレス化されています。最近はETCがカーナビとも連動して、画面上に料金が出るようになっていますが、もっと連携を深められます。

## ◯ 既存の仕組みでキャッシュレスを実現

今後自動車がネットワークにつながる時代が到来しますが、そこまで行かずとも、カーナビを使ったさまざまなキャッシュレスバンドルサービスが実現できます。たとえばカーナビにクレジットカードを差しておけば、ナビで買い物ができるようになります。ドライブスルーに立ち寄る前にカーナビでメニューを注文し、支払いまで済ませられるようになります。

インターネットに接続されていなくても、ETCを利用すれば支払い手続きは完了します。

スマートフォンなどを使えば同じことはできるでしょう。しかしクルマだけでキャッシュレスが実現できると、ドライブスルーだけでなく 図表58-1 に挙げたさまざまなサービスにも応用できるのです。

▶ **車に乗ったまま買い物** 図表58-1

カーナビ上で注文を済ませて、あとは取りにいくだけというサービスが実現する

| 薬局・ドラッグストア | 処方箋データの送信<br>症状に見合った薬の提案 |
| --- | --- |
| 小売店（スーパーなど） | 取り置き予約 |
| 宿泊施設 | 予約<br>到着時間の変更 |
| レストラン | 予約<br>メニュー注文 |

ドライブスルーでの注文時間は大きく短縮され、「いつものメニュー」や「前回と同じ」ボタンがあればよりラクに注文できます。

## ● MaaSとキャッシュレスによって加速する移動革命

バスや自動車などの移動手段にAIやネットワーク、キャッシュレスといった技術を組み合わせて、より便利な移動を実現させることを「MaaS」（Mobility as a Service：サービスとしての移動手段）といいます。現在は最適ルートの検索などにとどまっていますが、今後はサービスが広がっていくでしょう。

MaaSがいまより進化することで、旅行の楽しみ方が広がり、出張の利便性が高まります。たとえばクルマは人間と対話することで、その人の好みなどを学習し、ドライブ中に周辺の名物や観光スポットを教えてくれるようになるでしょう。友人へのお土産の配送やホテルの予約などは運転中に音声で済ませ、支払いまで自動で行います。出張での移動中に急に会議が入った場合には、アプリが新しい予定に沿ったルートを設定してホテルをセットします。切符も自動更新され、乗り継ぎ料金などを窓口で清算する必要はなくなります。レッスン53で説明した経費精算システムと接続すれば、出張精算の修正も不要です。

> 車にセンサーをつけて運転状況から保険料を算出する保険をテレマティクス保険といいます。1年単位などで契約していた従来の自動車保険よりも運転の実態に沿った商品が設計できます。

### 👍 ワンポイント　モビリティはデータセンター

同じルートを巡回するバスは、自動運転を導入しやすい交通機関です。自動運転には多数のカメラやセンサーが必要であり、それが価値のあるデータを生み出すようになります。たとえばカメラから道路やトンネルの状況がわかれば、補修が必要な場所を管理者に伝えることができます。渋滞情報や気象情報のほか、迷子などのデータもこれまでにない価値を生み出します。

乗用車やトラック、電車、飛行機、船舶からもデータを取得できるようになります。飛行機や船が発信する気象データは衛星データと組み合わせることで精度の高い天気予報に応用できます。電車やトラックが車内の空きスペース情報を頻繁に発信することでより効率よく荷物を運べるようになります。

## [イベント]

# 59 イベントブースを一括してキャッシュレス化する

**このレッスンの
ポイント**

イベント会場での物販における現金のやりとりは**不便**です。キャッシュレス化により決済スピードの向上だけでなく、**データの収集や反社会勢力の排除**といった幅広い面で多くのメリットがあります。

## ◯ 現金は出展者にも顧客にも不便

フェスなどのイベントにはチケットや物品の販売が伴います。近年は事前に購入するチケットについてはキャッシュレス化が進みつつありますが、会場での物品販売はまだ現金が主流ではないでしょうか。イベントの多くは1日～数日の単発開催であり、決済サービスへの申し込みや決済端末の準備が難しいというのがその理由の1つです。

しかし現金の場合、店舗側としてみれば釣銭の準備は頭の痛い問題ですし、食べ物を扱うブースのスタッフが現金を触るのは不衛生です。また、受け渡しのミスや紛失もあり、会計処理の観点からもメリットは多くありません。加えて現金は脱税にもつながりやすいという問題点もあります。

チケットをネットで予約してコンビニなどで受け取るサービスが普及していますが、受け取れるコンビニが限られているという問題があります。これだと便利なのか不便なのかわかりません。バーコードの統一など顧客本位の改善が望まれます。

### 👍 ワンポイント　イベントにおける反社勢力を防ぐ

キャッシュレス化することで、反社会勢力のもぐりこみも防げます。これまでより振込先口座や本人確認の手続きが強化されるため、仮に反社会勢力が間違ってもぐりこんだとしてもあとから資金の動きを追跡できるようになります。

## ◯ キャッシュレスに対応したプロモーターを

タブレット端末などを準備しているブース出展者もいるとは思いますが、キャッシュレスが使えるブースと使えないブースが混在していると会場が混乱し、利用者にとっては非常に不便です。また、イベント主催者にとっても全体の収支を計算するのが非常に手間となります。そのためイベント全体でキャッシュレス化に対応するのが望ましいでしょう（図表59-1）。

イベント全体でキャッシュレス化するには、イベントのプロモーターが一括でキャッシュレスサービスを契約する方法が通常のやりかたです。イベントプロモーターが契約後、クレジットカードや電子マネーなどが使える端末をブース数だけ用意して、端末に番号を振ります。それを各ブースに貸し出して、キャッシュレスでの支払いを受けます。「010番はアイスクリーム」「011番はTシャツ販売店BB社」など、端末番号とブースを紐づけるわけです。支払額はいったんプロモーターにまとめて入金され、計算後にプロモーターから各ブース出展者に支払われます。この方法なら個別のブースがキャッシュレス化に対応する必要はありません。

### ▶ 一括受諾サービス 図表59-1

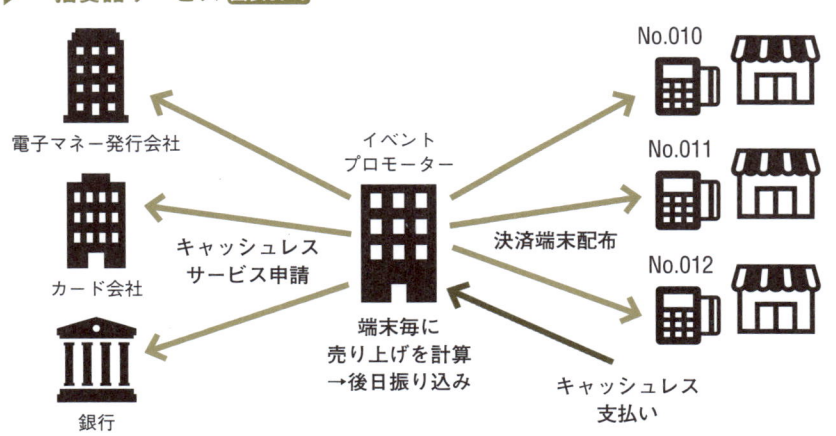

プロモーターが利用するキャッシュレス支払いの運営元に申請のうえ、各ブースにキャッシュレス端末を貸し出す。各ブースごとの売り上げなどは後日集計して振り込む

今後は、キャッシュレス対応が可能なプロモーターかどうかも重要な選考ポイントになるでしょう。

# インバウンド向けの
# キャッシュレスには課題が多い

**このレッスンの
ポイント**

キャッシュレス化の話では**インバウンドは避けて通れない
トピック**です。ただ、**誤解が多いトピック**でもあります。
<u>**インバウンド対応と日本人のキャッシュレス化の進展とは
別問題**</u>です。

## ● インバウンド向けキャッシュレスの必要性

来日した外国人は空港や銀行などで外貨
を円に両替する必要があります。しかし、
キャッシュレス化が進んだ国から来た外
国人は、通常、多額の現金を持っておらず、
十分な額の両替ができません。また、地
方に直接到着した外国人にとっては、両
替できる場所を探すのがとても難しいの
が現状です。インバウンド対応は、単に
国内産業の売り上げを増やすという観点
で語られることが多いですが、<u>外国人の
経済活動を支えるという観点</u>も重要です。

第3章で見てきたように、国や地域によ
って好まれる支払い方法が異なります。
世界の人口のうちクレジットカードを持
っているのは18.4%しかいないという統
計もあり、クレジットカードだけ対応し
ていればOKというわけでもありません。
インバウンド客の利便性を高めるために
は、AliPayのような電子マネーも含めて
さまざまな方式に対応させる必要があり
ます。

**インバウンド対応は世界的な課題です。中
国では AliPay などのアプリや顔認証が普
及して便利ですが、サービスに登録できな
い外国人にとっては不便です。**

## ⭕ インバウンド客を呼び込むのに必要なこと

団体観光客は決められたルートを通るだけで地元経済には貢献せず、ごみ処理や渋滞などの負の影響だけが残るケースがあります。これは観光公害と呼ばれて日本でも問題となっています。

誰でもよいから現地に来てもらい土産物を買ってもらえばよい、というスタンスでは観光公害が発生するだけです。どの観光資源をどの層にアピールし、どのように行動してほしいのかなどの戦略がなければ、キャッシュレス対応も煩雑になるだけです。

## ⭕ ニーズをとらえたキャッシュレス対応を

インバウンドには観光だけでなく、**図表60-1** のようにさまざまな目的があります。医療ツーリズムは注目されていますが、入国から医療機関までの交通、病院での医療費、通院時の観光やショッピングなどで支払いが発生します。すべてのサービスで1つの決済サービスが使えると便利ですし、どのサービスを改善すべきか、どのような新しいサービスを展開できるのか、データをもとに考えられます。経済活動には必ず支払いが伴い、キャッシュレス化が利便性を高めます。

長期滞在する人には日本の電子マネーや銀行口座が必要になります。富裕層を呼び込めば消費だけでなく投資も期待できます。定期的に訪れる人には交通などでサブスクリプションサービスを展開すれば喜ばれそうです。

日本人の発想はすぐに箱モノに行きがちですが、近年、展示会や見本市は世界的に寂れる傾向にあります。各地域の特色を生かしたサービスの開発が欠かせません。

▶ **インバウンド向けの主なキャッシュレス** 図表60-1

| 展示会・見本市 | 学習・研究 |
|---|---|
| 交通、宿泊、展示会場での商談やコンサルタントなど | 研究費の執行、会合費、小売店（土産物）など |

| 医療・観光 | リタイア後の長期滞在 |
|---|---|
| 交通、病院での支払い、小売店やECでの買い物など | 不動産売買、自治体での手続き、起業家とのマッチングなど |

観光だけがインバウンドではないことを認識し、さまざまなニーズをとらえることが大切

# 61

## ［フィンテック］
# フィンテックとしての<br>キャッシュレス

このレッスンの
ポイント

> **フィンテック（FinTech）** とは、金融（finance）と技術（technology）を合わせた造語です。新しい技術の導入により、これまで実現が難しかった金融サービスが次々に生まれています。

## ⬤ フィンテックのフィールド

図表61-1 は、ロンドンにあるコンサル企業、アーンスト＆ヤングが実施したアジアのフィンテック企業へのアンケートです。各社がフィンテック分野のうち何を専門にしているのか複数回答で答えています。最も多いのが支払いに関する業務ですが、資金調達（融資やクラウドファンディング）、バックオフィス業務（DLT、会計、デジタルID）など幅広い分野が含まれていることがわかります。このように、一言でフィンテックといっても、実に多くの領域に及んでいることを理解しておきましょう。

▶ **フィンテック企業の分布** 図表61-1

| 項目 | 回答数 | 項目 | 回答数 |
|---|---|---|---|
| 支払い支援 | 33% | インシュアテック | 12% |
| 融資審査・融資 | 25% | レグテック | 10% |
| 送金・国際送金 | 21% | 仮想通貨 | 7% |
| データ分析 | 18% | クラウドファンディング | 6% |
| DLT | 16% | 会計 | 6% |
| ロボアドバイザー | 13% | デジタルID | 5% |

出所：Ernst and Young, ASEAN FinTech Census 2018, p.16より抜粋

フィンテックと一括りで表しても、幅広い領域に及んでいる

> インシュアテック（Insurtech）は保険（insurance）と技術、レグテック（Regtech）は規制（regulation）と技術の造語です。

## ⬤ キャッシュレス化で利便性が高まるUBI

保険の分野では、「UBI」というインシュアテックならではの新しい商品が登場しています。これは使った分だけ保険料を支払う「Usage-Based Insurance」という保険商品で、市場規模が拡大しており、2024年には1,000億ドルになるという予測もあります。たとえば自動車保険の分野ではUBIの一種である「テレマティクス保険」が普及しつつあります。走行距離が長くなればなるほど保険料が高くなる「PAYD」（ペイド：Pay As Your Drive）や、急加速など危険な運転をしたら保険料が高くなる「PHYD」（ファイド：Pay How You Drive）が代表格です。

自動車保険は無事故の期間が長くなればなるほど保険料が安くなりますが、これは相対的に運転履歴が短い若年層には不利な制度といえます。IoTによって自動車がインターネットとつながり、自動車に搭載された各種センサーによって走行距離や急加速や急停止をかけたかどうかといったデータがリアルタイムで収集可能になったことが、テレマティクス保険が登場した背景にあります。これにより、より公平な保険が設計可能になりました。こうしたテクノロジーは、保険料の支払い方法にも影響を及ぼしています。たとえばあらかじめ多めの保険料をチャージして手厚い保障をかけておき、使わなかった分はキャッシュバックされます。また、キャッシュレス支払いが進歩すれば、前払いや後払いではなく、その瞬間瞬間で支払いを行うことも可能になるでしょう。

▶ テレマティクス保険 図表61-2

**PAYD**

走行距離

短い：
保険料が安い

長い：
保険料が高い

**PHYD**

急加速、急停止、急ハンドルなど
危険運転：保険料が高い

安全運転：保険料が安い

あらゆるものがインターネットにつながることを「IoT」（Internet of Things）といいます。自動車や産業用機械からは、短い時間に大量の情報のやりとりが発生します。支払いもそのスピードと量に対応できなければなりません。

テレマティクス保険によって、安全運転への意識が高まることも期待できる

# 62

[地域振興]

# 地域でキャッシュレスを活用する

**このレッスンのポイント**

これまでのレッスンでさまざまなキャッシュレス関連サービスを見てきましたが、<u>すべてが1つのシステムに統合されれば利便性は格段に高まります</u>。このレッスンでは、具体的なメリットを見ていきましょう。

## ○ すべての場面を1つのサービスで

本章ではいろいろな場面でのキャッシュレスを見てきましたが、すべてが1つのシステムにまとまっていると利便性が格段に増します（**図表62-1**）。

こういうと、「地域通貨のことか」とイメージするかもしれませんが、新しい地域通貨を作る必要はありません。すでに存在する複数のサービスを統一的に使えるシステムがあればよいのです。たとえば地域で利用できる端末やアプリを統一するといった取り組みが考えられます。

▶ **地域で統一できるサービス** 図表62-1

**買い物**

商店、商店街、ショッピングモール

**手続き・医療**

自治体、病院、学校

**移動**

バス、タクシー、私鉄

**観光**

博物館、美術館、動物園、宿泊施設

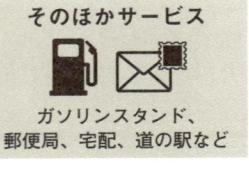

**そのほかサービス**

ガソリンスタンド、郵便局、宅配、道の駅など

領域ごとにバラバラなサービスを統合的に使える仕組みを構築する

**自治体は1つのサービス事業者に絞り込む傾向にありますが、将来どのサービスが生き残るのかはわかりません。「互換性」を確保することが重要です。**

## ○ データも統合できる

データもサービス間で統合して利用できるようになります。たとえば、毎日バスに乗って買い物に行っている人が数日間バスに乗っていないと、病気になって家から出られないのかもしれません。このようなデータがあれば対策が立てられます。

宅配は小包だけでなく、食べ物や日用品、薬も運べます。宅配の問題点はいかに効率的にトラックやドローンを使うかということです。行きは荷物を積んでいても帰りがカラであれば片道分が無駄になります。データの統合により、博物館の職員に薬を届けたドローンが博物館のポスターを駅に運び、1日観光券を駅からホテルに運ぶというような効率化が実現します。

## ○ 勉強しなくても使えるインターフェイスが重要

現在のキャッシュレス決済の多くは使い方を習得する必要があります。たとえばスマートフォンを使ったQRコードの利用では、スマートフォンにアプリを導入して、アプリの使い方を覚える必要があります。本書の読者には難しくなくても、抵抗を感じる人がいますし、障碍者が使いやすい工夫も必要です。

スマートフォンのアプリを改良するのもよいですが、クレジットカードと同じ大きさのカードの開発が現実的です（図表62-2）。

▶ 使いやすいカードの開発 図表62-2

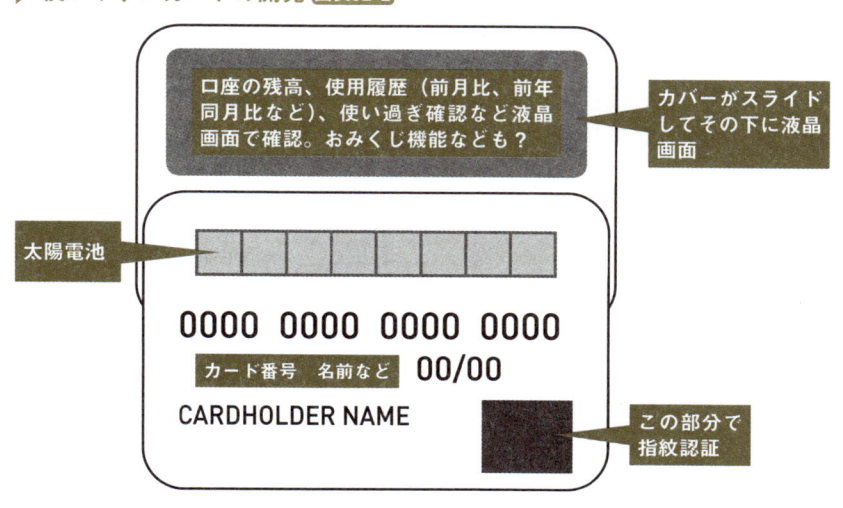

口座の残高、使用履歴（前月比、前年同月比など）、使い過ぎ確認など液晶画面で確認。おみくじ機能なども？

カバーがスライドしてその下に液晶画面

太陽電池

0000 0000 0000 0000
カード番号 名前など 00/00
CARDHOLDER NAME

この部分で指紋認証

クレジットカードと同じサイズだが、2層なので少し厚め。音声案内、音声識別機能などを搭載するなど、利便性を高めるさまざまな工夫が考えられる

## ⓘ COLUMN

### 個人情報を分けて考える

第5章で扱ったビッグデータでは個人情報そのものではなく、その人の属性情報を利用していましたが、本章で紹介したバンドルサービスには、医療情報など個人を特定しなければならないサービスもあります。そこで、個人情報についてもう少し突っ込んで考えてみましょう。

まず、個人情報を2つに分けます。1つは、公開されても問題のない「プライベート情報」です。私が東洋大学の教授であることは大学のホームページなどですでに公開されていますし、私も削除を求めていません。もう1つは、政治信条や性的嗜好など公開が望ましくない「プライバシー情報」です。この2つの個人情報をどこで線引きをするのか考える必要があります。たとえばスウェーデンでは年収はプライベート情報ですが日本はどうすべきでしょうか？ データの利活用を進めるためには、日本での線引きを考える必要があります。

医療情報などのバンドルサービスでは、プライバシー情報も利用します。そのためプライバシー情報を利用する際のルール作りが必要となります。たとえばマイナンバーカードを病院の端末に差してPINコードを入力するような、本人の意思が明確に表れた場合はよいですが、意識がない状態のまま救急車で運ばれてきた場合はどうしたらよいでしょうか？

個人情報だからすべてのアクセスが不可、では社会問題の解決ができません。さまざまなケースを考えて、どのように個人情報を扱うべきなのか考えていくことも必要です。

> 個人情報の正当な持ち主は医療機関や企業ではなく、本人です。私たち1人ひとりが個人情報の扱いについて考える必要があります。

# Chapter 7

# キャッシュレスが
# もたらす未来

キャッシュレスはデジタルエコノミーを支える基盤であり、さまざまなサービスを縁の下から支えるべきものです。本章では、キャッシュレスがさまざまなサービスとバンドルされた未来の世界を描いてみましょう。

# Lesson 63

[キャッシュレスデバイス]

# 財布がなくなる日

**このレッスンの
ポイント**

現金やカードには財布が必要になります。スマートフォン
を使えば財布は必要ありませんが、スマートフォンを持ち
歩く必要があります。将来はこれらの<u>デバイスを持ち歩く
必要がなくなる</u>はずです。

## ◯ 顔パスサービスの実現に向けて

財布がなくなるとはどういうことか、いくつか事例を挙げて説明しましょう。Amazonがアメリカで始めた無人コンビニ、Amazon Goをご存知でしょうか。入り口でAmazon Goのアプリをスキャンさせて入店し、棚の商品を手に取るとカメラやセンサーで何を買ったのか判別して支払いが自動で済んでしまう仕組みです。また、中国では顔認証コンビニが登場しています。入り口で顔認証を済ませて入店し、セルフレジを使ってWeChat Payなどで支払いをします。

このようなサービスは、図表63-1 のようにサービス利用開始時の本人確認と、サービス利用時の本人認証を組み合わせて実現しています。本人確認は専用アプリのダウンロード時に済ませておき、本人認証はデバイスや顔を使っています。インプラントチップが普及すればチップでの認証も可能です。

▶ **顔パスサービスにおける認証** 図表63-1

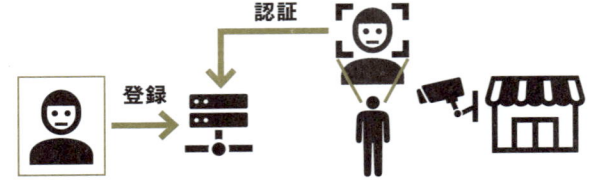

① 利用開始時　　② 利用時

あらかじめ登録された
顔かどうか、入店時に
チェックする

将来は、いつでもどこでも顔パスで支払いができるようになるでしょう。どこでも顔パスを実現させるためには、本人確認データの共有が欠かせません。誰が、どのような形で、データを管理するのか考える必要があります。

## ⚫ さまざまな支払いのデバイス

上述のように、すでに財布に代わるさまざまなデバイスが存在しています。たとえばレッスン58で自動車のキャッシュレスを紹介しましたが、自動車は新しい「キャッシュレスデバイス」の1つです。自動車だけではありません。時計やメガネ、衣服、アクセサリーなど身につけるものもキャッシュレスデバイスとなります。

いわゆる「ウェアラブル端末」です。また、家電や住宅などが必要な電力を自動的に計算して発注から支払いまで済ませる仕組みや、産業用ロボットが必要な替え部品を自分で判断して発注するなどの取り組みが進んでおり、こういった施設そのものもキャッシュレスデバイスとなります。

## ⚫ 新しいIoTペイメント

レッスン61で「IoT」という言葉を紹介しましたが、IoTは「Internet of Things」(モノのインターネット)ではなく、「Intelligence of Things」(モノの知性)であるという考え方も出てきています。単にインターネットにつながってデータをやりとりする状態が前者だとすれば、得られたデータを用いてより能動的なサービスを行うことが後者といえます。たとえば1か月の予算をデバイスが管理して「今月はちょっと使い過ぎだから今日はこのメニューにしましょう」のような提案をしたり、

血液検査などの情報をもとにいつもより歩く距離が少し長くなる出張ルートを示したりといったサービスです。支払いも自動で行われるので「カードで払おうか」などと考える必要はありません。

私たちに身近なECも進化しています。街中で気になる服を着ている人を見かけて写真を撮ると、スマートフォンのアプリが服のブランドなどを判定して販売サイトが開くサービスが始まっています。ECはもちろんキャッシュレスなので、そのまま購入まで行えます。

---

### 👍 ワンポイント 利便性を高めるためには制度作りが必須

私たちは街中の監視カメラに加えて、さまざまなデバイスにも「見られて」います。カメラをかざすだけで服や靴のブランドがわかるということは、買い物の利便性を高める反面、その人の趣味嗜好、利用しているショップといった情報を誰もが取得できるということです。顔パスが実現すれば、個人の特定も瞬時に行われます。どの情報を利用可として何を利用不可とするのか、早急に決める制度作りが必要です。

## [データ活用]

# 64 より多くのデータを集めることがビジネス成果を生む

このレッスンの
ポイント

コンビニなど多くの小売店ではすでに**POSレジ**が導入されていて、さまざまなデータを取得しています。私たちが何を欲しがっているのかデータを集める役割を担っていますが、本当に役立っているでしょうか。

## ⭕ POSの弱点

小売店では、レジのPOSシステムによってどの商品がいつ買われたかを収集しています。ちなみにPOSとは「Point of Sale」、つまり「買った時点」のことで、商品についたバーコードを読み込むことで情報を得て、需要予測などに役立てています。POSは現在も広く活用されていますが、「買ったものしかデータ化できない」という弱点を抱えています（**図表64-1**）。

たとえば私がコンビニで明太子のおにぎりを買おうとします。しかし明太子は売り切れで、棚には梅と昆布しかありません。私は明太子の棚をさびしそうにしばらく見つめたあとに、仕方なく梅を買います。POSからは「40代の男性は梅のおにぎりが好き」というデータが作成されますが、それは価値のないデータです。事実は「本当は明太子が欲しいのに明太子がないので次善の策として梅を買っただけ」です。このコンビニが梅おにぎりを追加で入荷しても私はうれしくありません。

▶ **POSが集められていないデータ** 図表64-1

| 一度カゴに入れたが似たような商品を見つけて棚に戻された商品 | 手に取っただけで棚に戻した商品 | 見ただけで実際には買わなかった商品 | 認知されなかった商品 |
|---|---|---|---|

何も買わなかった人も多くの貴重なデータを生み出している

このような経験を何度かすれば、私はコンビニを変えるでしょう。

## ⭕ カメラやセンサーを連携させてデータを取得する

最終的に選ばれなかった商品も、一度は候補になっています。何らかの理由で購入に至らなかったわけですが、その理由を探る価値はあるでしょう。たとえばちょっと手に取ってすぐに戻すのと、じっくり見たあとに戻すので意味が違うのは、誰もが実体験としてわかるはずです。また、何も買わなかった人も重要です。店に入るということは何かがほしかったはずで、何も買わなかったということは、ほしいものがなかったということです。この場合、販売機会を逃しているといえます。買わなかった商品をデータ化するにはレジだけでは不十分で、店内のカメラや商品棚のセンサーも活用する必要があります。

大型店ではレジを探すのが大変なこともあり、それがカゴ落ちを誘発しているかもしれません。人々が店舗の中でどのような動線を作っているのかわかれば、持ち運べるmPOS（タブレットなどと連携して使う小型の決済端末）と店員を配置することもできます。動線を曜日や時間帯ごとに分析すれば、最適な場所にmPOSを配置できます。

スーパーはどこも同じようなレイアウトですが、これは経験則に基づいたものです。しかし、20世紀と21世紀では人々の購買行動は変化しています。データに基づいたレイアウトの変更が求められます。

## ⭕ データの活用は外部で

店が取得するデータは大量に集めてこそ価値を生み出します。データから価値を生むには、ある程度の専門的なノウハウが必要ですが、なにも自前でデータを分析する必要はありません。データ分析を専業としている企業にデータを販売すれ

ばよいでしょう（図表64-2）。自社の売り上げデータなどをデータ分析会社に販売し、分析料やコンサルタント料と相殺してもらいます。データ分析会社は多くの顧客企業からデータを購入することで、地域別データなどを入手できます。

▶ **店全体がデータを生み出す** 図表64-2

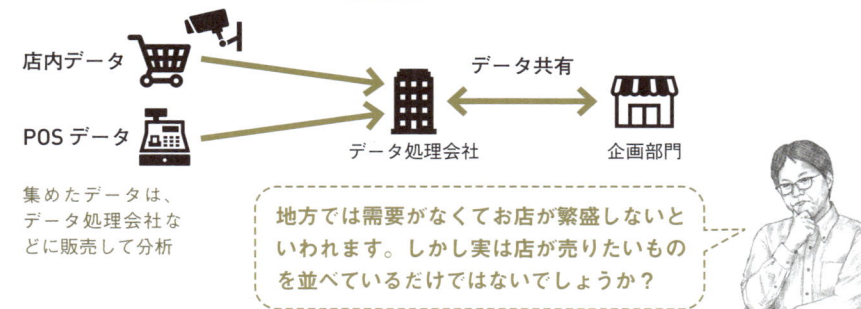

店内データ

POS データ

データ処理会社

データ共有

企画部門

集めたデータは、データ処理会社などに販売して分析

地方では需要がなくてお店が繁盛しないといわれます。しかし実は店が売りたいものを並べているだけではないでしょうか？

[未来のキャッシュレスサービス①]

# AIロボットによる生活支援

このレッスンの
ポイント

買い物に出かけるのが難しい人もいます。ECを使えばよい
のですが、買い物をするという体験が社会生活を営んでい
るという実感につながります。この買い物を体験するサー
ビスにはかなり多くのものをバンドルすることができます。

## ○ AIロボットが収支を管理する

レッスン21では、現金の受け渡しがコミュニケーションの道具になっていることをお話しました。デジタルエコノミーの時代にあっても、体験を伴った行動の重要性は変わりませんが、それが本当にリアルの体験でなければならないわけではありません。

たとえば地方で一人暮らしをしている高齢者を考えてみましょう。ペットの形をしたAI搭載のロボットがお金の出入りを管理しています（**図表65-1**）。普段は話し相手になっていて、話の内容から持ち主の性格や好みを把握し、持ち主ごとに最適化された話題を提供できるようになります。都会で暮らす息子が見守りサービスを契約していれば、「今日も健康で1日過ごしている」などの情報がロボットから息子へ送信されます。年金の受け取りや光熱費の支払いといった家計の管理、また、自治体や病院ともインターネットでつながり、行政手続きや健康状態、診療予約などの管理まで行えるようになるでしょう。

▶ **AIロボットの仕事** 図表65-1

・口座残高など収支の管理

・給与、年金、手当などの受け取りや家賃、光熱費、医療費などの支払い

・自治体との連絡、手続き代行

・持ち主との会話などコミュニケーションによる嗜好の把握

・病院、見守りサービス会社などへの情報送信

AIロボットがお金の管理を中心にコミュニケーションまでこなす

## ◯ 買い物支援

いまでもECで自宅にいながら現金を使わず買い物ができますが、高齢者の場合、一般的にECでの買い物はハードルが高く、リアルな買い物のほうがやりやすいでしょう。VR技術を使えば自宅にいながらリアルな買い物を体験できます。冷蔵庫の中身を把握したペットロボットは、買い物が必要になったタイミングでVR眼鏡をかけるように促します。眼鏡をかけると、目の前にバーチャルなスーパーマーケットが現れ、実際の買い物と同じように商品をカゴに入れられます。長ネギを買おうとするとロボットが「長ネギはまだ冷蔵庫に残っているよ」などと教えてくれます。収支も管理しているため「今日は少し買いすぎだよ」といったアドバイスもくれます。

VRスーパーのレジで清算を済ませたところでロボットがVR眼鏡を外すように促します。もちろんこの買い物はバーチャルな買い物ですが、自分で商品を選んで買ったという実感があります。レジを通過した時点でロボットがスーパーに発注・支払いを行います。品物は宅配で届きます。介助が必要ならば人間のスタッフが、不要ならドローン、といった選択もできるでしょう。こういったサービスは高齢者に限らず、さまざまなシーンでの活用が期待されています。

## ◯ データを広い範囲で共有

高齢化や過疎化が進んだ地域では、路線バスが廃止され、住民の移動手段の確保が課題となります。前述のようなロボットの利用者が多ければ、誰がいつどこへ通院しているといったデータが集まり、効率的にバスを運行できるでしょう。前述の宅配と組み合わせれば、宅配が済んだクルマを送迎に使うといったことも可能です。毎日の宅配予定、通院予定などをAIなどで管理すれば、多くの移動ニーズを吸収できるでしょう。

▶ **生活全般をAIが管理する** 図表65-2

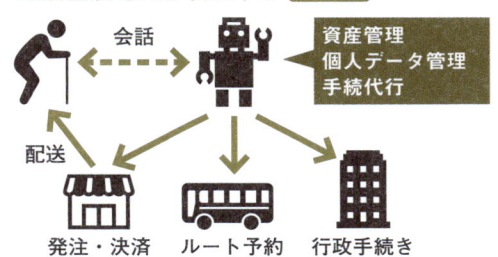

世帯や個人ごとにAIロボットを配置し日常生活をフォローすることで、データも集まる

仕事が忙しいときには「食べ物が向こうからやってこないかな」と考えることがあります。オフィス街にも応用できるかもしれません。

# 66

[未来のキャッシュレスサービス②]

# 固定資本の従量制課金で
# 生産性を高める

このレッスンの
ポイント

企業の研究開発や設備投資は、経済成長にとって重要な役割を果たしますが、ネックとなるのは初期費用です。リースなどの既存の仕組みを使って初期費用を抑えることはできますが、ゼロにできれば生産性の向上に役立ちます。

## ○「装置」ではなく「空気」を売る

この分野でよく引用されるのがドイツのケーザー・コンプレッサー社です。ケーザーは文字通りコンプレッサー（空気圧縮機）を販売している企業ですが、同じくドイツのソフトウェア企業のSAPのシステムを使って新しいビジネスモデルを作りました。

従来は顧客との接点はコンプレッサーの販売時だけであり、収益機会は一度しかありませんでした。しかし、新しいモデルではコンプレッサーを無償で設置し、圧縮した空気の量に応じて課金します（図表66-1）。コンプレッサーに取り付けられたセンサーからリアルタイムのデータがSAPのクラウドに送信されます。この仕組みによって、空気の量を測っているのです。コンプレッサーを導入する側の企業にとっては初期費用を抑えることができ、ケーザーは販路を拡大できます。ケーザーにとっては、売り切りの一度だけの収入が、従量制の導入により定期的な収入に切り替わりました。

▶ 従量課金制の概念 図表66-1

**装置を売る**

1回売ったら終わり

**空気を売る**

毎月使った分だけ収入

コンプレッサーは工場設備の１つにすぎません。工場全体の設備が従量制料金になるとどうなるのか、続けて見てみましょう。

## ● トークンを使った従量課金

同じ工場内でも常に稼働している機器もあれば、時々しか動いていない機器もあるでしょう。この稼働状況に応じて、機器の販売業者に使用料を支払うようにすれば、無駄なコストを省けます。この場合、支払いが頻繁に発生し、1回1回の支払いの単価が低くなるため、トークン（レッスン30）の利用が向いています。設備を使っている企業はあらかじめトークンを購入しておき、稼働状況に応じてトークンを支払います（**図表66-2**）。設備の販売業者にはトークンが貯まりますが、貯めたトークンをほかの支払いに使うこともできます。このシステムには多くの企業が関係するため、各社への支払いや調整などを担う一括請負サービスが有望です。

▶ **従量制料金システム** **図表66-2**

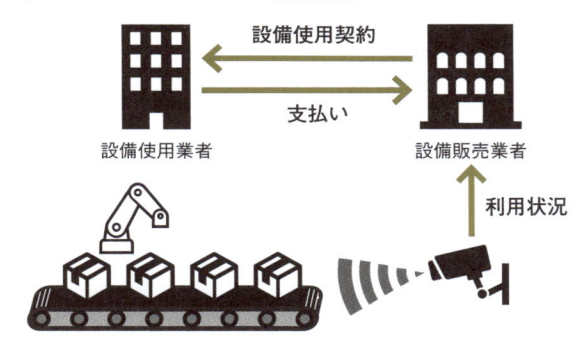

設備使用契約

支払い

設備使用業者　　　　　設備販売業者

利用状況

稼働した分だけトークンで支払う

---

### 👍 ワンポイント　ドイツのインダストリー4.0

従量制課金制度を取り入れるには、設備の状態をリアルタイムで監視できなければなりません。通常、工場内の設備はさまざまな企業から購入しているため、管理するためのシステムもバラバラです。日本ではそれらを擦り合わせるための技術が発達して「匠の技」となっている状況です。そして、それが従量制課金の妨げになっています。ドイツでは共通のプラットフォームにさまざまなシステムを載せる取り組みを進めており、この取り組みは「第4次産業革命」、いわゆる「インダストリー4.0」と呼ばれています。共通プラットフォームがあれば、課金システムも簡単に載せられます。

# Lesson 67

[未来のキャッシュレスサービス③]

## ヘルスケア統合サービス

**このレッスンのポイント**

病院を変えるたびに症状や過去の病歴を一から説明しなければならなくて、うんざりした経験を持つ人は多いでしょう。この最大の理由は、**情報が医療機関で共有化されていない**ことにあります。

### ● 医療データのデジタル化

私たちの生活はヘルスケア（医療）と切っても切れない関係にあります。極端な話ですが、私たちは受精卵の状態から死亡する瞬間まで何らかの形でヘルスケアと関わります。病院での治療だけでなく、健康維持のための食育や運動などもヘルスケアに含まれます。しかし、私たちの健康に関する情報は断片化されており、しかも多くはアナログで管理されています。これをデジタルデータにすれば、多くの面でクオリティ・オブ・ライフの向上に役立つでしょう。

ヘルスケアデータは病院にあるカルテだけではありません（図表67-1）。その人の体の状態を表すあらゆる情報が含まれます。これらのデータは健康維持のために使われますが、スポーツの種目選びや練習メニューの策定にも使えます。体調管理チップを体に埋め込めば、多くのデータをリアルタイムで引き出すこともできるでしょう。

▶ ヘルスケアデータ 図表67-1

遺伝情報

お薬手帳

アレルギー情報

食事や運動

生活習慣、脈拍、血圧

血液

ヘルスケアデータは、その人の状態を表すすべてのデータ

## ● データを送ると薬が自動で処方される

レッスン56では血液検査の結果がスマートフォンなどに転送され、特に問題がなければ処方箋がアプリに送信される事例を紹介しました。バセドウ病など、定期的な血液検査と薬の処方が必要な病気はたくさんあります。

たとえばI型糖尿病では、常に自分の血糖値を把握しておく必要があります。体調管理チップがすべての人に埋め込まれれば、血糖値情報がインシュリン注入器に自動送信されてインシュリンが打たれます。ここまでは実現していますが、患者の情報が病院に送信されて処方箋が自動

で作成され、新しいインシュリンなどが自動で患者のもとへ届く仕組みができれば患者の生活の質が向上します。医療機関の負担も減り、結果としてより重篤な患者への対応に専念できるようになるでしょう。

将来は遺伝子情報に基づいたオーダーメイド医療が普及するといわれています。血液などのリアルタイム情報は、研究機関にとって非常に価値のある情報です。たとえばこれを提供する対価をトークンで受け取って、薬代と相殺することもできるようになるでしょう（図表67-2）。

▶ 医療データの活用 図表67-2

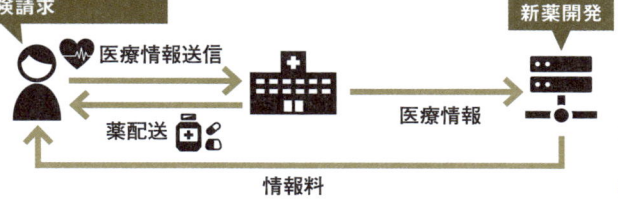

医療情報収集、管理
承認プロセス自動化
保険請求

新薬開発

医療情報送信

薬配送

医療情報

情報料

リアルタイムに医療情報を送信し、自動で薬が送られる。送信した情報は研究用途に使用

## ● 将来かかる病気を評価し、医療費を積み立てる

遺伝子情報を精査すれば何歳くらいでどのような病気にかかりやすいのか評価できます。若い時期から医療費を積み立てておけば、出費に備えることができます。保険に似た仕組みですが、医療費をすべ

て賄うことが目的ではなく、後払いになる保険金支払いまでの間をつなぐ計画貯蓄です。研究データが提供できる人はそのデータ代金を積み立てに充てることもできます。フィンテック企業の出番です。

人々に埋め込まれた体調管理チップは IoT 機器です。研究機関には人口と同じ数の IoT 機器から大量のデータが集まります。ビッグデータを処理する能力が求められます。

# 68

[未来のキャッシュレスサービス④]

# 電気自動車は
# 情報・電力ハブに

**このレッスンの
ポイント**

自動運転が普及すれば、より多くのセンサーが搭載される
ようになり、より多くの情報を生み出します。電気自動車
が普及してワイヤレス充電の能力が向上すれば、電力の受
け渡しもできるようになります。

## ○ 自動車が生み出すデータ

現時点では自動車が生み出すデータはほ
んのわずかですが、自動車にいま以上に
センサーやカメラが搭載されれば、クル
マ1台から非常に多くのデータを取得で
きるようになります。

図表68-1 のようなデータは渋滞の解消や

道路状況の改善につながることから、非
常に価値があります。ここでもトークン
などで自動車が支払いを受けることにな
るわけです。自動車にプールされたトー
クンを燃料や電力の代金に充当できれば、
ランニングコストの低減につながります。

▶ **自動車が取得できる代表的なデータ** 図表68-1

**気象データ**
気温や降雨などの情報

**顔認証データ**
行方不明者などの情報を収集

**インフラデータ**
路面や街灯の故障個所

**渋滞情報**
自動車の走行スピードなど

自動車が取得するこれらのデータを共有することで、多くのサービスに活用できる

世界で最も電気自動車が普及しているのはノル
ウェーです。すでに新車の半数以上が電気自動車（プ
ラグインハイブリッドも含む）になっています。

## ○ 電力も受け渡せるようになる

自動車のルーフ（屋根）は、現在のところ雨風をよけるためだけの存在です。この部分に薄膜太陽電池を貼れば、自動車は発電機になります。太陽電池のエネルギーだけで走行できるようになるのはかなり先の話でしょうが、ライトやカーナビなどの電力は賄うことができるでしょう。バスはルーフの面積が大きいため、より多くの電力を発電できます。

オランダのロッテルダムではワイヤレス充電が行われています。執筆時点では数十センチしか電力を飛ばせませんが、距離が数メートルから10メートルくらいに伸びれば自動車同士で電力を受け渡せるようになります。渋滞時に電力が足りなくなった自動車が、周辺の自動車から電力を受け取ることもできるようになるでしょう。電力を受け取った自動車は提供者に電気料金を支払います。

電気自動車は「電力の地産地消」にも役立ちます。炎天下で駐車中の自動車から、周辺の住宅や公共施設に電力を供給できます。災害時に停電している病院にも自動車による電力リレーで送電できるようになります。

自動車同士だけでなく、周辺施設やデータ分析企業などとも頻繁にトークンをやりとりするようになります。

▶ **自動車による電力の送信** 図表68-2

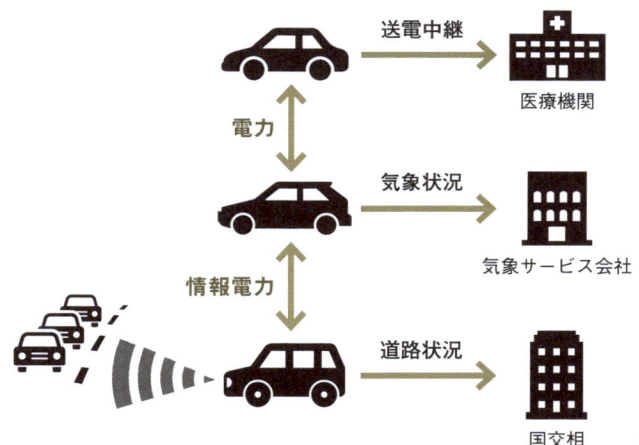

自動車は情報と電力のハブ（軸）となる

すでに空を飛べる車が実験段階に入っています。自動車が2次元から3次元の移動手段になれば、収集できるデータ数が飛躍的に増加します。

## ⓘ COLUMN

### データの囲い込みには意味がない

外国で進んでいる先進的な事例は日本でも技術的に実現可能です。本章ではキャッシュレスが縁の下で支えるデジタルエコノミーの未来図を描きましたが、ここで紹介した内容の一部は現在すでに存在する技術で実現可能です。

日本が急速にデジタルエコノミーに転換できるのかと問われると、残念ながら明るい見通しが立てられません。最大の要因は日本企業の自前主義と囲い込み主義にあります。日本でキャッシュレスサービスが乱立しているのも自前主義と囲い込み主義が原因です。自社だけが顧客情報を取得し、自社だけがデータを活用できるようにしたいという欲求から、顧客の利便性を無視したサービス展開合戦が続いています。

しかし、囲い込んだデータから収益を上げられる企業は皆無といってよいほど少なく、GAFA企業は稀有な例であるといえます。データを囲い込めば、データの付加価値は自社のデータ分析能力に制限されるからです。優秀なデータサイエンティストだけではデータの価値を高められません。何のために、どのようなデータが必要なのかを議論し、社会、経済、法にくわしい人材、さまざまな業界に精通しているなど多様な人材がチームを作ってはじめて付加価値を付けられます。

データを囲い込む必要はありません。企業や自治体などさまざまなステークホルダー（利害関係者）の間でデータを共有すれば、データの活用範囲が広がります。データは共有してはじめて価値を生むのです。

囲い込み主義に慣れてしまうと、データをオープンにしたほうが結果として利益になるのだ、ということを理解すること自体が高いハードルになります。また、日本企業ではデータの新しい活用法を思いつくことよりも、その新しいアイデアを採用する意思決定のほうが難しいでしょう。

# キャッシュレス社会を迎えるにあたって

キャッシュレス社会は必ず到来しますが、到来してから対策を取るのでは遅すぎます。いま、政府や企業、そして個人にとって何が必要なのか考えていきましょう。

# 69

[政府のキャッシュレス社会への対応]

## 政府はビジョンを示せ

このレッスンの
ポイント

これまでのレッスンで、多くの国や地域の事例を見てきました。民間企業が積極的に取り組んでいる国もありますが、政府の役割は重要です。規格やルール作りだけでなく、<u>キャッシュレス化の意義</u>もはっきりさせることが重要です。

## ⚪ 何のためにキャッシュレス化するのか

政府はキャッシュレス化の目標値を立てています。レッスン2で示したように、銀行引き落としも含めれば、政府目標である「キャッシュレス比率40%」はすでに達成されています。経済規模の大きい関東圏だけでも目標は達成できますが、<u>このような数値目標を達成することにどんな意味があるでしょうか？</u>

これまで見てきたように、キャッシュレス化は「支払い行動のデジタル化」であり、デジタルエコノミーを支える重要なインフラです。インフラという観点で、キャッシュレス化には 図表69-1 のような利点があります。日本では、徴税の強化を問題視する声が多いように思われますが、現金商売は脱税の誘因を高め、税務調査のための人員やコストがかかります。キャッシュレス化により納税側では公平性が確保され、政府側では徴税コストが削減できるといった社会インフラを運営するうえでの費用対効果、といった話題もオープンに議論すべきです。

▶ キャッシュレス化の利点 図表69-1

- ・現金の社会的コストの削減
- ・現金を使った特殊詐欺の防止
- ・徴税コストの削減、現金による脱税の防止
- ・デジタルデータ作成による新ビジネスの創出
- ・バンドルサービスによる社会問題の解決

支払い行動のデジタル化は、ビジネス創出や課題解決など幅広い分野に役立てられる

## ◯ 誰のためにキャッシュレス化するのか

これまで見てきたようにキャッシュレス化には、支払いの利便性を高めるという面と、データ活用による社会問題の解決という面があります。

前者に関して、日本で進められているキャッシュレス化は、スマートフォンやクレジットカードが使える人が前提になっています。世界を見渡せば、キャッシュレス化は金融包摂に役立っていますが、一方で金融疎外も生んでいます。日本のキャッシュレス化は、スマートフォンやクレジットカードを持っていない人にとっては意味がなく、むしろ経済活動の幅を狭める取り組みになってしまう可能性があります。

キャッシュレス化には、人々が安心して、安全に使える支払い手段を提供するという側面があります。レッスン34で見た電子通貨の議論もこの文脈から生まれたものです。経済的に弱い立場の人々も使えるような工夫も欠かせません。

一方のデータ活用による社会問題の解決という側面は、現在の「キャッシュレスブーム」の中でほとんど語られることはありません。第6章などで紹介してきたバンドルサービスは、キャッシュレスの仕組みがすべての人々に行きわたってこそ大きな効果をもたらすものです。

政府は、技術が進展するなかで、「キャッシュレス化が進むと私たちの生活はどのように変わるのか」を広く示していく必要があるでしょう。

## ◯ 調整ではなく誘導を！

キャッシュレス化に限ったことではありませんが、日本では新しい技術やサービスが社会になかなか普及しないケースが多く見られます。その最大の理由は、政府が業界関係者を集めてルール作りをしようとすることにあります。業界関係者は競合しているケースが多いため、新しいルールによって損をする企業が必ず存在し、彼らは強硬に反対します。残念ながら一般的な日本企業に、社会全体の利益を自社の利益より先に考える余裕はないでしょう。意見は意見として聴取し、その後は業界関係者や政治家を排除してルールを策定しなければなりません。ルールは業界のためではなく社会のために策定されるべきです。そのときに重要なのは、調整役ではなくイニシアティブによって企業、ひいては世論を誘導する政府の取り組みといえるââでしょう。

> キャッシュレス化が進んだ社会とはどんな社会なのか、本書の読者はイメージが湧いて来ているのではないかと思います。国として、どのような社会を目指すのか、わかりやすく説明する必要があります。

# 70

# 供給者の論理は通用しない

**このレッスンの
ポイント**

企業の自前主義と囲い込み主義の問題点は、これまでのレッスンですでに指摘しました。さまざまな製品やサービスが登場しては消えていますが、<u>生き残るのは顧客にとって役に立つものだけ</u>です。

## ○ 誰のための、何のためのサービスなのか

前のレッスンから同じ見出しが繰り返されていると思ったことでしょう。何度も繰り返す必要があるほど重要で、日本に欠けている視点だからあえて繰り返しています。現在、日本ではさまざまな企業がペイ事業（キャッシュレス決済サービス）を始めていて、その波は小売業界にまで広がっています。「他社が始めているから」「顧客データを囲い込みたいから」「コンサルタントがいっているから」など動機はさまざまですが、「利用者のためになる」という動機が最も重要であり、

必要不可欠です。これが欠けているペイ事業は生き残れないでしょう（図表70-1）。ペイ事業は広告の手段にもなりつつありますが、自社製品にしか使えないなど、汎用性のないものは実質的にポイントサービスと同じです。あとからもらえるポイントを事前にチャージしているだけで、消費者にとってはほかの店やサービスに使えない無駄な端数ポイントが貯まるだけです。チャージしてもらうためにはプレミアムをつけるしかなく、結局これは製品の値引きと同じです。

▶ **利用者の目線が大切** 図表70-1

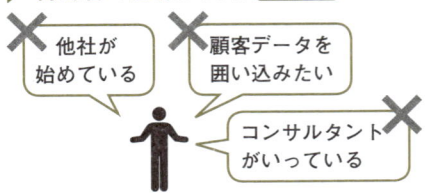

✕ 他社が
始めている

✕ 顧客データを
囲い込みたい

✕ コンサルタント
がいっている

○ 利用者のため
になる

利用者のため、
という視点が最
も重要

すでに「ペイ飽き」の兆候が見られます。供給者にとってのみ都合のよい論理は、消費者には通用しません。

## ◯ 統合すればするほど強くなる

利用者目線に立てば、1つのサービスであらゆる場面で使えるものが最も便利です。便利なサービスであれば、プレミアムポイント、つまり値引きは不要であり、これは事業者側にとって大きなメリットでしょう。

これを実現するには、業界内での統合とオープン化が最も効果的です。スウェーデンのSwish（レッスン13）、アメリカのZelle（レッスン15）などは銀行が集まっ

て1つのサービスを展開しています。使いやすいサービスがあれば、ほかの業界からも参加者が増え、ネットワークが強化されることによってますます多くのユーザーや企業が惹きつけられます。自治体や病院との連携も早めに始めたほうがよいでしょう。そのためには、あとから参加者が増えてもよいようにオープンなシステムで作ることが必要です。

## ◯ 本命はデビットカード

私が考える日本で最も有望なサービスはデビットカードです。日本人のほとんどが銀行口座を持っています。コンタクトレス決済のできるデビットカードや、スマートフォンにデビットカードの機能を入れるモバイルペイメントが進むとよいと思っています。ウェアラブル端末にも応用できます。消費者にとっては「預金者保護の仕組みがある銀行預金」を使えるメリットは大きいといえます。

小売店側にとってのメリットは、デビットカードによる手数料の引き下げです。レッスン3でデンマークの数値例を見ま

したが、クレジットカード払いのコストは1回当たり13.7クローネ、デビットカード（Dankort）は2.4クローネです。クレジットカードの5分の1の手数料であれば、キャッシュレスを受け入れる店舗が増えるでしょう。

現在のところ、銀行業界には自前主義が横行しています。統一サービス展開のための音頭を政府が取ってもよいでしょう。たとえ大手銀行であっても、新しい便利なサービスに参加しない銀行が淘汰されていくような世論形成も統一サービスへの後押しになります。

> もし日本の銀行が統一サービスを作ることができないならば、外国のサービスを導入すればよいのです。利用者のことを考えてくれる事業者がいてくれれば、国籍は関係ありません。

# 71 キャッシュレス社会で身を守る工夫

このレッスンの
ポイント

現金社会から**キャッシュレス社会になると浪費が増えるの**は間違いありません。現金を下ろしに行くというハードルが一段階減り、クレジットカードのように後払いもできるからです。消費者の側にも工夫が求められます。

## ◯ 支払い先延ばしは絶対に避けよう

住宅ローンなどの計画的な後払いはここでは除きます。近年のキャッシュレス支払いサービスのキーワードは「ポストペイ」、つまり「後払い」です。「いますぐに買いたい、だけどお金がない」というワガママな要求に応えてくれるサービスです。クレジットカードもポストペイです。ECサイトをはじめ、新しいサービスではポストペイを準備しないとユーザーが獲得できないのも事実です。

私たちは簡単に消費できるようになり、クレジットカードでリボ払いにすれば、何か月もあと、場合によっては何年もあとまで支払いを延ばせます。後払いは現在の私たちの満足度を高めてくれますが、将来の予算を減らすことになり、将来の生活水準を引き下げます。後払いはできるだけ避け、現在の予算内での消費を心掛けることで、お金の問題から身を守ることができます。

▶ **後払いのリスク** 図表71-1

現在の予算を増やす

将来の予算を減らす

後払いは将来の予算を
減らすことになる

### 👍 ワンポイント　後払いの役割

経済学の世界では、時間を超えた計画を立てられるようになるため、貯蓄や借り入れの役割が大きいとされています。それには私たちが合理的にきちんと計算できるという前提がありますが、私たちは目先の誘惑に弱く、合理的に計算して判断できません。

## まずは収支の管理から

現金のほうが収支を管理しやすいという意見を多く耳にします。この理由は2つあります。第1は、現金は目に見えやすく残りを把握しやすいということです。財布を見ればすぐにわかります。モノ（現金）と数字（デジタルデータ）とどちらが管理しやすいかは普段の生活習慣などにもよりますが、若い世代ほど数字のほうが管理しやすいと感じるでしょう。

第2は、現金が財布からなくなると、それ以上は買い物できないということです。つまり、私たちの予算が財布の中身に入っている現金に限られており、現金がゼロになった時点で支払いがロック（もうお金がなくて払えない）されるということです。

第2の点は重要だと思います。たとえば、封筒に光熱費を分けて入れておくという生活の知恵がありますが、これもロック機能と似ています。毎月の収入から貯蓄を先に取り分けておき、その残りから光熱費なども取り分けます。その残りが自由に使えるお金です。キャッシュレスになると、お金を物理的に取り分けることが難しいため、収支の管理に向いていないと感じてしまいます。

## 家計管理アプリにロック機能を

家計管理アプリはすでにたくさんありますが、本当に管理するためにはロック機能が欠かせません。収入が入った時点で必要な金額を取り分けておけば収支の管理が楽になります（**図表71-2**）。

光熱費などは季節性がありますが、データが集まればAIに予測させられるようになります。また、食費や交際費については先月や前年同月と比べたうえでアドバイスしてくれるといった機能も、家計管理には必須です。このような仕組みによって、キャッシュレスでも収支管理をしやすくなります。

▶ **ロック機能がついた家計管理アプリ** 図表71-2

| 収入面の管理 | 支出面の管理 🔒 | 🔒 |
|---|---|---|
| 給与、年金などの収入の受け取り | これまでの履歴から住居費や光熱費などを予測してアプリが振り分け | 1週間、1日の予算をアプリが決定 |
| 一定割合を自動的に天引き貯金に移す | 振り分けたお金は自由に使えない | 予算を超える支出はアプリの承認が必要 |

収支の計算を自動に行い、長期的な計画の進捗状況の確認まで自動化。自動車など将来予定する大きな買い物などに有効

# [金融教育]
# 72
# 金融教育の重要性

**このレッスンの
ポイント**

私たちの人生には、お金の問題がつきまといます。しかし、私たちはお金についての教育を受ける機会がなく、お金についての知識がないことで不利益を被ることがあります。これからの社会では<u>金融教育</u>は欠かせません。

## ○ 金融教育は金儲けの方法ではない

日本だけでなく、多くの、おそらくほぼすべての文化圏において金融教育は不十分です。「お金の話をするのははばかられるから」というのが原因だと思いますが、お金の教育というと「金儲けの話か」と勘違いされてしまう風潮が問題です。
金融教育は「身を守るための教育」です（**図表72-1**）。お金の知識がないために詐欺にあったり、不必要な契約をしてしま

ったりするリスクがあり、実際に多くの事件が発生しています。また、無理なローンを組んでしまうこともあります。問題が発生したときの相談先や、行政手続きがわからないために、本来は救済されるべき人がそのまま苦しむケースもあります。<u>金融教育は私たちが社会生活を送るために必要な知識を得ることなのです。</u>

▶ 金融教育で学ぶこと **図表72-1**

> ・収支の管理の必要性、具体的な方法
> ・金利の仕組み、金利の計算
> ・金融商品の仕組み、資産運用の考え方
> ・さまざまな行政手続き・相談先

お金を活用し、お金の問題から身を守るために金融教育が欠かせない

金融教育はお金を通じて社会の仕組みを学ぶことでもあります。子供に教育できるように、まず大人が勉強しましょう。

## 正しい情報の必要性

金融教育が行われない理由の1つに、よい材料を見分けられないという問題点もあります。ネット上にはお金の知識を伝授すると称する怪しげなサイトがたくさんあります。本屋のビジネス書売り場には怪しげな本や雑誌も多く、参考にできないものも紛れています。金融教育をうたうセミナーに行くと、特定の金融商品を進められることもあります。こういうセミナーは金融機関と提携しており、講師はお金をもらってその金融機関の商品を宣伝しているのです。特に、「テーマ投資」といった言葉が出てくるセミナーには行ってはいけません。お金を無駄にするだけです。残念ながら金融業界には皆さんへの罠がたくさん張られています。

## まずは「知るぽると」から

私は読者の皆さんに、日本銀行の金融広報中央委員会が運営する「知るぽると」をお勧めします。金融教育に関する資料が無料で使えるようになっています。
教育関係者には冊子の無料配布サービスもあり、私も「大学生のための人生とお金の知恵」を使わせていただいています。

PDFファイルもダウンロードできるので、一度読んでみてください。大人が読んでも役に立つ資料です。
知るぽるとだけでもかなりの情報量があります。このサイトを卒業するころにはほかの人に説明できるくらいになっているでしょう。

▶「知るぽると」で金融を学ぶ 図表72-2

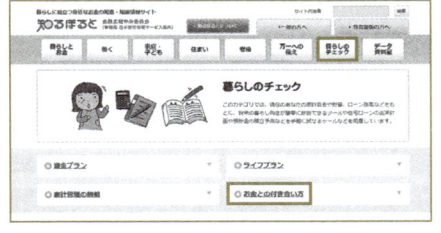

トップページから［暮らしのチェック］→［お金との付き合い方］をクリックして表示される画面で［あなたのお金の付き合い方チェック］に進むと、自分のタイプが判定できる
https://www.shiruporuto.jp/public/

［データ資料室］の［広報誌・刊行物］から読める「大学生のための人生とお金の知恵」
https://www.shiruporuto.jp/public/data/magazine/

金融に関する用語や概念は子供にとって理解が難しいため、成長に合わせた長期的な教育が必要です。学校に任せきりにせずに、親も勉強して子供に教える必要があります。

# Lesson 73 ［キャッシュレス情報］
## キャッシュレスに関する情報源

**このレッスンの
ポイント**

キャッシュレスの世界では日々新しいアイデアが生まれています。また、本書では紙幅の都合により細かい点を省略したところもあります。私が普段使っているサイトを読者の皆さんに紹介して、本書の最後のレッスンとしましょう。

## ● キャッシュレスに関する情報サイト

キャッシュレスの世界は進化のスピードが速いため、広くアンテナを張って情報をリフレッシュしましょう。それには、たとえば 図表73-1 に挙げたようなWebサイトが有用です。それぞれ検索すると辿り着けます。なお、「クレジット協会」は、「クレジットカード協会」と間違いやすいので注意してください。ニュースは、Mobile Payments Today と、Bitcoin日本語情報サイトだけでもかなりの情報が手に入ります。

### ▶ 主な情報サイト 図表73-1

統計など

| サイト名 | 特徴 |
| --- | --- |
| **BIS CPMI** | 国際決済銀行の決済・市場インフラ委員会、世界のキャッシュレス関係の統計 |
| 一般社団法人<br>日本クレジット協会 | 「クレジット関連統計」のページには国際比較できる統計も掲載されている |
| 日本銀行 決済関連統計 | 本書ではあまり扱っていないが、決済システムの利用状況などの統計がある |
| **CoinMarketCap** | 仮想通貨市場のリアルタイム情報 |

ニュースなど

| サイト名 | 特徴 |
| --- | --- |
| **Mobile Payments Today** | 世界の最新ニュースやレポートの配信 |
| **Bitcoin日本語情報サイト** | トップページに仮想通貨関連のまとめニュースが掲載されている |
| **World Payments Report** | BNP Paribasの運営サイト。年次報告書や統計などが掲載されている |

それぞれのサイト名を検索すると、検索結果の上位に表示されるのでそこからサイトにアクセスできる

## ○ もっと知りたい人のために

最後に、キャッシュレスをより深く理解する一助として筆者の著書を2冊紹介しましょう（**図表73-2**）。

歴史をひもとくと、日本では実に1,000年前からキャッシュレスな支払い手段が存在していました。拙書『キャッシュレス経済　−21世紀の貨幣論−』では、そういったお金にまつわるさまざまなトピックを紹介しながら、お金の本質に迫っていきます。本書でも述べているようにキャッシュレスは世界的な潮流であり、先行事例を知ることは今後キャッシュレスを推進するにあたって重要です。キャッシュレスの類型ごとに国際比較を行い、その先進性や課題を深く理解することも、キャッシュレスに関わる事業者や、お金のやりとりを行うすべてのビジネスパーソンにとって無駄ではありません。仮想通貨や電子通貨の仕様、金融教育のありかたなど、キャッシュレスを通じて多角的な観点から経済を理解したいという人にぜひ読んでほしいのが、この『キャッシュレス経済　−21世紀の貨幣論−』です。

また、金融教育を行ううえで、金融商品への理解は欠かせません。金融教育とは「金融商品について学ぶこと」でもあります。たとえば株式や債券は国内だけではなく、国際的な情勢に左右される金融商品です。また、商品市場における先物取引や金融派生商品、そして仮想通貨も同様です。そのためこういった金融商品を知るには、国際金融から学ぶのが建設的なプロセスといえます。『これさえ読めばすべてわかる国際金融の教科書』では、これらの金融商品を1つずつ丁寧にひもとき、また具体的にどのような投資を行えばよいかまでじっくりと解説しています。株式などの投資に興味のある方は、こちらの本から入ってみるのもよいでしょう。

### ▶ お勧めの本　図表73-2

『キャッシュレス経済 21世紀の貨幣論』
文眞堂

『これさえ読めばすべてわかる
国際金融の教科書』文眞堂

## あとがきにかえて

本書を最後までお読みいただきありがとうございます。日本ではキャッシュレス化についての情報が十分ではなく、「どの事業者・サービス勝つのか」というようなメディアが好む短絡的な情報であふれています。キャッシュレス化は私たちの社会や暮らしに大きくかかわるものであり、私たちの未来の形を決める基盤でもあります。本書を読み物として楽しんでいただき、そして皆さんのビジネスや将来計画のヒントになれば、うれしく思います。

最後に、日本のキャッシュレス化を急速に進める秘策を紹介します。それは、「キャッシュレス徳政令」です。キャッシュレス化が進まない最大の理由は、個人商店などの小規模店舗による現金主義にあります。現金は追跡ができないことから、売り上げや利益を過少申告してしまっているところは多いと考えられます。キャッシュレス化が進んで数字が透明になれば、これまでのごまかしがばれてしまうことを、これら「現金主義者」たちは恐れているのです。

そのような状況を打破し、キャッシュレス化を推し進めるには、国が「××年までにキャッシュレス化に移行すれば過去の税務調査は行わない」と宣言してしまえばよいのです。同時に「××年までにキャッシュレス化に移行しない場合は税務調査を頻繁に行う」と宣言します。過去にごまかした分の税金を払わないのは不公平に感じますが、今後はごまかしができなくなるというメリットのほうがはるかに大きいでしょう。これには本書で取り上げた端末の導入や会計処理の自動化などをサポートする政策もセットで必要です。

> キャッシュレス化は目的ではなく、手段です。デジタルエコノミーへの移行は避けられません。私たちが安心して便利に生活できる社会の実現に向けて、キャッシュレス社会をデザインする必要があります。

# 索引

索引

## ⚫ スタッフリスト

| | |
|---|---|
| カバー・本文デザイン | 米倉英弘（細山田デザイン事務所） |
| カバー・本文イラスト | 東海林巨樹 |
| 撮影協力 | 渡　徳博（株式会社ウィット） |
| DTP | 町田有美・田中麻衣子 |
| 帯イメージ画像 | © zhu difeng - stock.adobe.com |
| デザイン制作室 | 今津幸弘 |
| | 鈴木　薫 |
| 制作担当デスク | 柏倉真理子 |
| 編集協力 | 浦上諒子 |
| 副編集長 | 田淵　豪 |
| 編集長 | 藤井貴志 |

■商品に関する問い合わせ先

インプレスブックスのお問い合わせフォームより入力してください。

https://book.impress.co.jp/info/

上記フォームがご利用頂けない場合のメールでの問い合わせ先

info@impress.co.jp

● 本書の内容に関するご質問は、お問い合わせフォーム、メールまたは封書にて書名・ISBN・お名前・電話番号と該当するページや具体的な質問内容、お使いの動作環境などを明記のうえ、お問い合わせください。

● 電話や FAX 等でのご質問には対応しておりません。なお、本書の範囲を超える質問に関しましてはお答えできませんのでご了承ください。

● インプレスブックス（https://book.impress.co.jp/）では、本書を含めインプレスの出版物に関するサポート情報などを提供しておりますのでそちらもご覧ください。

■落丁・乱丁本などの問い合わせ先

TEL 03-6837-5016

FAX 03-6837-5023

service@impress.co.jp

（受付時間 / 10:00-12:00、13:00-17:30 土日、祝祭日を除く）

● 古書店で購入されたものについてはお取り替えできません。

■書店／販売店の窓口

株式会社インプレス 受注センター

TEL 048-449-8040

FAX 048-449-8041

株式会社インプレス 出版営業部

TEL 03-6837-4635

# いちばんやさしいキャッシュレス決済の教本

人気講師が教える新たな経済圏のビジネス

2019 年 12 月 21 日　初版発行

著　者　　川野祐司

発行人　　小川 亨

編集人　　高橋隆志

発行所　　株式会社インプレス
　　　　　〒 101-0051 東京都千代田区神田神保町一丁目 105 番地
　　　　　ホームページ https://book.impress.co.jp/

印刷所　　音羽印刷株式会社